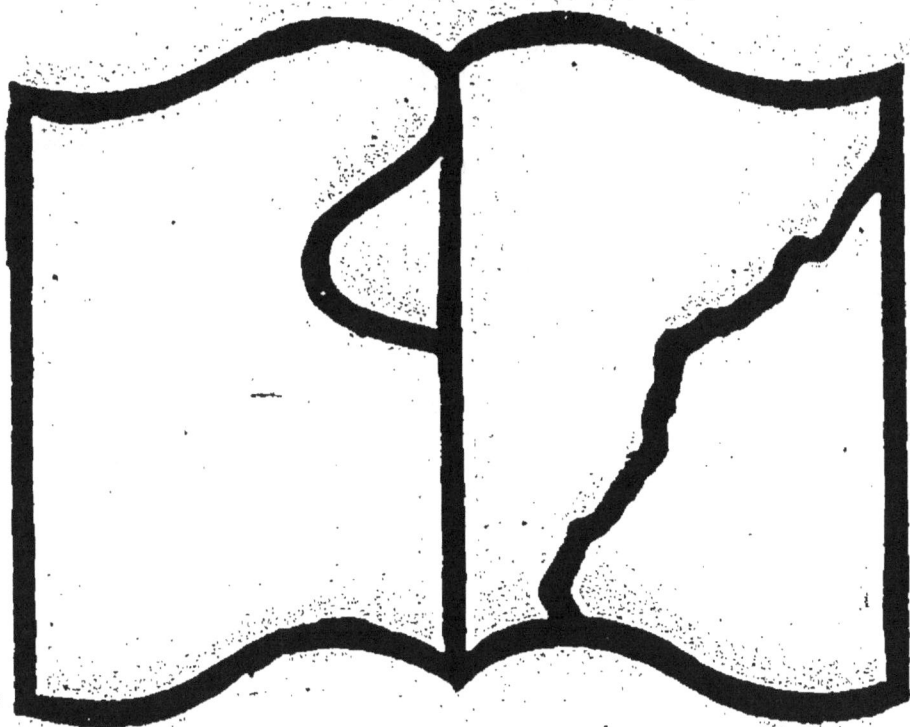

THÈSE

POUR

LE DOCTORAT

PRÉSENTÉE ET SOUTENUE

Par Jules **BIBENT**, Avocat.

TOULOUSE,
Imprimerie Gibrac OUVRIERS RÉUNIS
Rue Saint-Pantaléon, 3.

1855.

A la mémoire de ma Mère!

A MON PÈRE !

A MES PARENTS ET AMIS.

FACULTÉ DE DROIT DE TOULOUSE.

THÈSE

POUR

LE DOCTORAT

PRÉSENTÉE ET SOUTENUE

Par Jules **BIBENT**, Avocat.

TOULOUSE ,
Imprimerie Gibrac OUVRIERS RÉUNIS ,
Rue Saint-Pantaléon , 3.

1855.

DROIT ROMAIN.

THÉORIE

DE LA COMPENSATION.

La Compensation est un de ces modes naturels d'extinction d'obligations que le Droit Romain, formaliste par essence, n'avait pu saisir, et n'avait pu introduire primitivement dans ses lois; aussi ne la trouvons-nous pas dans le chapitre relatif aux modes d'extinction d'obligations. Le *nexus* était formé, il fallait le détruire par des formes contraires à celles qui lui avaient donné naissance. Cependant, peu à peu le droit âpre et dur des premiers âges de Rome est adouci et mitigé par le droit philosophique. La cité établit des rapports avec les nations voisines, la guerre et le commerce étendent ses relations sur le littoral de la mer intérieure et elle se trouve obligée

Antonin, en agrandissant par un rescrit le domaine de la compensation, ne fit que sanctionner une pratique qui s'était déjà établie depuis longtemps sous l'influence du droit du préteur.

Dès ce moment, un progrès sensible dut se manifester dans le développement de la compensation. Introduite dans les actions de droit strict qui n'accompagnaient que des obligations unilatérales, elle dut s'appliquer nécessairement à des créances *ex dispari causa*. Dès-lors, il est permis de penser *à fortiori* que le préteur eut le pouvoir d'étendre ses effets aux actions de bonne foi naissant d'obligations *ex dispari causa*. Ce système, admis par tous les interprètes, ne peut souffrir aucune difficulté, quoiqu'on puisse opposer le § 39 des *Inst.*, liv. IV, tit. VI, qui déclare que la compensation ne pouvait s'exercer qu'à l'égard d'obligations naissant de la même cause. Il faut reconnaître que ce fragment de Gaïus, trop religieusement reproduit dans les *Instituts de Justinien*, n'a plus sa raison d'être depuis le rescrit de Marc Antonin.

Telles sont les actions contre lesquelles on peut opposer la compensation. Les actions réelles ne jouissaient pas de ce privilége; car la division des actions en actions de bonne foi et en actions de droit strict, ne s'appliquait qu'aux actions personnelles qui étaient ainsi les seules que favorisait le bénéfice de la compensation. A Justinien devait être réservé, comme nous le verrons, d'étendre ses effets à toute espèce d'actions.

§ 2.—*Effet de la Compensation opposée au moyen de l'exception de dol.*

De graves difficultés se sont élevées sur le point de

savoir quel était l'effet de la compensation opposée au moyen de l'exception de dol. Deux opinions se sont produites. Quelques auteurs ont décidé que l'*exceptio doli*, insérée dans la formule de l'action *stricti juris*, conférait au juge le pouvoir que lui accordait l'équité dans les actions de bonne foi, c'est-à-dire qu'il devait simplement diminuer la somme demandée jusqu'à concurrence de la valeur opposée en compensation, et ne condamner jamais le demandeur à la peine résultant de la *plus petitio*, quoique il ait demandé plus qu'il ne lui était dû.

D'autres interprètes pensent au contraire que les règles de la plus pétition doivent être appliquées au demandeur qui se fait accorder une action *stricti juris*, sans faire insérer de *præscriptio*, lorsque on lui oppose une créance qui pourra produire compensation au moyen de l'exception *doli*. D'où il suit que le demandeur perdra son action et par suite sa créance, si le juge reconnaît le bien fondé de l'exception du défendeur.

Les premiers, à l'appui de leur opinion, invoquent la nature de la Compensation qui est toute d'équité ; ce serait dès lors, disent-ils, aller contre les principes de cette même équité, si l'on renvoyait le défendeur absous, parce qu'il aura justifié d'une créance de la valeur même la plus minime relativement à celle qu'on lui réclame. Une telle objection n'est pas sérieuse, car elle porte une trop grave restriction à l'application de la plus pétition. Toutes les fois que l'action était personnelle et d'une chose certaine, le demandeur devait prouver que tout le droit qu'il réclamait dans l'*intentio* lui compétait. Le juge qui avait reçu mission d'examiner le bien fondé de la demande, ne pouvait s'écarter des termes de la formule, il ne pouvait en restreindre la portée ; s'il ne trouvait pas l'*in-*

Un motif de justice... car le créancier ne peut s'opposer raisonnablement à ce que l'on retienne ce qu'il doit sur ce qu'on lui doit : *Libera potestas permitti videtur judici ex æquo et bono æstimandi, quantùm actori restitui debeat* (1).

Si la Compensation a pris naissance dans ce double motif, il est facile de fixer l'époque à laquelle elle dut s'introduire dans le Droit Romain, et d'établir comment elle arriva, d'une manière indirecte, à devenir un mode d'extinction d'obligation.

Dans la seconde époque du Droit Romain, c'est-à-dire, sous le Droit Prétorien ou système formulaire, il était certaines actions qui devaient être jugées d'après les principes du droit naturel. Ces actions étaient celles dont la formule indiquait une obligation régie par les principes de bonne foi. L'*intentio* de leur formule, qui contenait les mots *ex bona fide* ou d'autres analogues, conférait au juge le droit de juger d'après les règles de l'équité, et l'obligeait d'accueillir tous les moyens invoqués par le défendeur, pourvu qu'ils fussent fondés sur cette même équité. Si telle était la nature des actions de bonne foi, il n'est pas étonnant que le préteur dût recevoir l'exception qui tendait à opposer en défalcation à la créance du demandeur la créance dont il se trouvait être débiteur envers le défendeur. Dès-lors, il nous est permis de prétendre que la Compensation, qui a pris naissance dans un motif d'équité, dut surgir en même temps que le Droit Prétorien, ou peu de temps après son apparition.

Connaissant son origine, il nous sera plus facile de la suivre dans ses développements et dans ses progrès.

_____

(1) Inst. de Just., Liv. IV., Tit. VI, § 30.

Dans le principe, le droit d'opposer la compensation n'était accordé que dans les actions de bonne foi, et pourvu que l'obligation dont le défendeur voulait se prévaloir fût née du même contrat ou du même fait qui avait produit l'action dirigée contre lui ; c'est ce qu'on exprime en disant que la compensation ne pouvait avoir lieu qu'à l'égard d'obligations *ex eâdem causâ*, ou à l'égard d'obligations qui naissaient *ultro citroque* du même contrat. *Namque ex bono et æquo, habita ratione ejus quod invicem actorem ex eâdem causâ, præstare oportet*, etc. (1).

Le pouvoir conféré au juge de faire la compensation ne lui était pas attribué d'une manière expresse par les termes de la formule, il résultait du mandat général qui lui était donné de juger *ex æquo et bono : Neque enim formulæ verbis præcipitur ; sed quia id bonæ-fidei judicio conveniens videtur, id officio ejus contineri creditur* (2). Aussi, la compensation devait-elle rester étrangère aux actions de droit strict, dans lesquelles le juge devait se conformer à la rigueur formaliste de l'obligation, et ne pouvait donner de l'élasticité aux prescriptions de la formule. Mais, ce qu'il ne put faire directement, il le fit indirectement. Pour étendre de plus en plus les principes de la raison, le Droit Prétorien eut recours aux exceptions : au moyen de l'exception de dol, il fit participer les actions de droit strict au bénéfice de la compensation. Il considéra comme un acte dolosif l'acte par lequel le demandeur réclamait une créance à une personne dont il se trouvait être le débiteur ; et Marc

(1) Inst. Liv. IV, Tit. VI, § 39.
(2) G. Tit. IV, § 63.

d'approprier son droit aux principes du droit étranger. Le *Prœtor Peregrinus* est créé. Le droit prétorien surgit aussitôt, qui unit le droit naturel au droit civil, les confond peu à peu dans les mêmes liens, et fait du Droit Romain ce magnifique monument qui a servi de modèle à toutes les législations modernes. C'est à cette seconde époque seulement qu'apparaît la Compensation et qu'elle prend droit de cité dans la législation romaine.

La Compensation, comme la plupart des institutions, a dû suivre les progrès du Droit et a été soumise aux diverses réformes qui ont agité la société romaine. Aussi son étude est au plus haut point une étude historique qui, pour être complète, doit être examinée sous les différentes époques qui ont marqué l'histoire du Droit Romain.

Nous diviserons notre travail en deux chapitres. Dans le premier, nous examinerons la Compensation au point de vue historique, nous rechercherons quelle était sa nature dans le Droit antérieur à Justinien, et quelle est la réforme qu'elle eut à subir sous le règne de cet empereur. Dans le second, nous établirons les règles générales relatives à la Compensation.

CHAPITRE PREMIER.

HISTORIQUE DE LA COMPENSATION.

Ire SECTION.

De la Compensation avant Justinien.

§ 1. — *Origine et progrès de la Compensation.*

La Compensation est un paiement qui éteint deux dettes dont deux personnes sont réciproquement débitrices l'une envers l'autre. *Compensatio est debiti et crediti inter se contributio* (1).

Elle a pour fondement : 1° un motif d'utilité ; 2° un motif de justice. Un motif d'utilité... car en compensant je retiens ce qui m'est dû, et je me dispense d'intenter une action pour répéter ce que j'aurais payé ; c'est ce qui a fait dire aux textes : *Ideò compensatio necessaria est, quia interest nostra potius non solvere, quam solutum repetere* (2).

(1) L. 1. D. 16. 2.
(2) L. 3. D. 16. 2.

tentio entièrement justifiée, il devait renvoyer le défendeur absous. Tels étaient les principes de la plus pétition dont nous ne pourrons restreindre les effets que lorsque l'on nous aura opposé une exception claire et précise.

En second lieu, l'opinion que nous combattons prétend que dans notre système il se présente de véritables impossibilités d'application. En effet, dit-on, si les deux dettes sont des objets différents, on ne peut faire la compensation avant d'avoir réduit leur valeur en argent. Or, le droit de faire cette appréciation pécuniaire ne peut appartenir qu'au juge, on ne peut en laisser ni le soin ni la responsabilité au demandeur; d'où il suit que le principe, qui déclare que deux dettes de nature différente peuvent être l'objet d'une compensation, est inutile ou du moins d'une application impossible. Nous répondrons que ce principe ne sera pas aussi inutile que veulent bien le dire nos adversaires. Nous reconnaissons qu'il sera inapplicable toutes les fois que le demandeur, n'ayant pas mentionné dans la formule une *præscriptio*, le défendeur sera renvoyé absous par l'effet de la plus pétition; mais si la compensation est impossible dans cette espèce, et c'est précisément ce que nous voulons établir, il faut reconnaître qu'elle produira ses effets lorsque le demandeur aura fait toutes ses réserves dans la *præscriptio*.

Et maintenant que nous avons établi ce système en nous appuyant sur les principes généraux qui réglaient le droit formulaire, nous le fortifierons en opposant les textes des jurisconsultes eux-mêmes. Un fragment des sentences de Paul confirme entièrement notre théorie. Il est ainsi conçu : *Compensatio debiti ex pari specie et causa dispari admittitur : velut si pecuniam tibi debeam, et tu mihi pecuniam debeas, aut frumentum, aut cœtera hujus-*

modi , licet ex diverso contractu , compensare vel deducere debes. Si totum petas , plus petendo causâ cadis (1). Nos adversaires, qui n'ont pu réfuter directement ce texte, ont cherché à tourner la difficulté en déclarant qu'il ne s'appliquait pas à la compensation ordinaire , mais bien à la compensation de l'*argentarius*, qui était réglée par des principes exceptionnels. C'est à ce cas particulier que, s'il faut les en croire, Paul aurait fait allusion dans ce passage ; et si le fragment ne conserve aucune trace de cette application spéciale , c'est sans doute par suite de quelque suppression ou de quelque omission commise par inadvertance. Exposer cette argumentation, c'est en montrer toute la faiblesse : ce n'est pas ainsi qu'on doit expliquer un texte , lorsqu'il ne contrarie en rien les principes de la raison , et lorsqu'il ne fait que confirmer une règle générale déjà fortement établie.

Théophile, il est vrai, dans sa paraphrase sur le § 30 *de Actionibus* , semble adopter l'opinion de nos adversaires. Ce commentateur, en effet, s'exprime ainsi : « *Sed factà est constitutio Marci imperatoris , quæ ait ,* » *me stricta actione conventum de solidis X , quùm mihi* » *deberentur V , posse actioni opponere exceptionem doli:* » *atque hac opposita exceptione , judici occasio datur ad-* » *mittendi compensationem et in solos X solidos condem-* » *nandi.* » Ces paroles , quoiqu'émanant d'un savant légiste, ne sont jamais que l'interprétation d'un auteur qui explique la loi et ne l'écrit pas, et, à ce titre, elles n'ont pas la valeur d'un texte précis comme celui de Paul. Théophile commente ; il ne parle qu'incidemment, que comme souvenir , du rescrit de Marc-Aurèle, et il est permis de douter de l'exactitude de ce souvenir.

(1) Tit. V , Liv. II. § 3. Paul Sentent.

compensation avant que Justinien n'apportât de graves modifications à l'ensemble des lois romaines.

SECTION II.

Dernier état du Droit Romain.

Sous le génie réformateur de l'empereur Justinien, la philosophie sort triomphante de cette lutte acharnée, qu'elle avait eu à livrer pendant tant de siècles contre le matérialisme du vieux droit national. Le respect que le préteur portait encore aux institutions de la première Rome disparaît pour jamais. Rome ancienne n'existe plus, et pour se délivrer du linceul funeste qui l'enveloppe, elle a changé de demeure et transporté ailleurs ses pénates. Byzance est devenue le nouveau foyer des arts, des sciences et de la saine philosophie. C'est sous l'esprit de cette révolution que le système formulaire qui conservait une partie de la rudesse et du formalisme de l'ancien droit, fait place au système des *judicia extraordinaria* qui n'oblige plus le droit naturel à se soumettre aux exigences du droit strict. L'équité et la justice ne se font plus jour à travers les ambages de la formule, elles se présentent directement devant le *judex* qui les admet sans qu'elles aient reçu la sanction du préteur. Aussi, plus de distinction entre les actions de droit strict et de droit prétorien. Tout le droit se trouve régi par les mêmes principes, par les principes du vrai et du juste.

La réforme de Justinien opérée dans l'ensemble de la loi romaine, agrandit le domaine de la compensation, qui reçoit le plus grand développement qu'elle puisse atteindre. D'abord, restreinte comme nous l'avons vu à certaines actions, elle les embrasse toutes.

Une consultation de cet empereur la déclare admissible, tant dans les actions *in rem* que dans les actions *in personam*. Car, d'après ce que nous avons déjà dit, la compensation ne s'appliquait avant lui qu'aux actions personnelles, et n'était pas admise dans les actions réelles.

Mais si la compensation s'étend aux actions réelles, nous devons faire remarquer que cela ne peut s'entendre que des actions naissant des dommages-intérêts qui étaient dus avec la restitution de la chose, ou de l'estimation de la chose même à laquelle était condamné le *fictus possessor*, ou celui qui avait laissé périr la chose par sa faute depuis *la litiscontestatio*.

CHAPITRE II.

RÈGLES GÉNÉRALES RELATIVES A LA COMPENSATION.

Nous diviserons la seconde partie de notre travail en trois sections. Dans la première, nous rechercherons comment se fait la compensation, et quels sont ses effets. Dans la seconde, nous nous demanderons quelles sont les dettes susceptibles d'être éteintes par la compensation, et enfin dans la troisième, nous étudierons quelles sont les dettes qui peuvent être opposées en compensation.

§ 4. — *De la* deductio *de l'*emptor bonorum.

La *deductio* que devait subir l'*emptor bonorum* était
régie par des principes tout différents. L'*emptor bonorum*
était celui qui achetait l'ensemble des biens d'une personne en déconfiture. Lorsque l'*emptor bonorum* intentait
une action du chef du débiteur dont les biens lui avaient
été vendus, et que le défendeur pouvait avoir une ré-
clamation à opposer au *defraudator*, il pouvait la faire
valoir en déduction de ce que l'*emptor* lui réclamait.
Pour cela il mentionnait dans la dernière partie de la
formule, dans la *condemnatio*, la cause de la déduction
que le juge devait faire subir au demandeur. Il résulte
de ce que la déduction était faite dans la *condemnatio* et
non dans l'*intentio* que la créance n'avait pas été éteinte
au moment de la coexistence de la prétention contraire,
et que dès lors le *bonorum emptor* n'était plus soumis aux
chances de la plus pétition.

De grandes différences, que nous ne devons pas passer
sous silence, distinguaient la *deductio bonorum* de la
compensation ordinaire et de la compensation de l'*argentarius*. Elle différait de la compensation ordinaire en ce
que, s'il s'agissait de créances émanant d'obligations
régies par le droit naturel, le juge ne pouvait faire valoir
la créance du défendeur en déduction de celle du demandeur que toutes les fois qu'il en était averti dans la
condemnatio, tandis que dans les actions de bonne foi
ordinaire, la compensation était admise *ipso jure*, sans
qu'il fût nécessaire de la mentionner dans la formule.
S'il s'agissait d'action régie par le droit pur, l'exception

du défendeur était inutile, il devait faire valoir ses droits dans la *condemnatio* de la formule délivrée par le préteur. Enfin, comme nous l'avons déjà dit, la *deductio*, contrairement à la compensation ordinaire, n'était pas soumise aux principes de la plus pétition.

Des différences sensibles la distinguaient de la compensation de l'*argentarius*. L'*argentarius* était obligé d'établir lui-même la défalcation, et de fixer le reliquat dû par le défendeur, tandis que dans la *deductio* c'était le débiteur qui devait opposer ses droits, et faire valoir les prétentions tendant à restreindre en partie ou en totalité l'effet de la demande. Il suit de ce principe que, tandis que l'*argentarius* était soumis aux effets de la plus pétition, l'*emptor bonorum* n'y était pas soumis. De plus, la différence dans la nature des créances ou leur non fongibilité n'apportait aucun obstacle à la compensation de l'*emptor bonorum;* cela résultait invinciblement du principe que c'était le juge qui prononçait lui-même cette compensation.

Le terme accordé au *defraudator* qui, dans les règles ordinaires, arrête le bénéfice de la compensation (les dettes devant être échues), n'arrêtait pas l'exercice de la compensation de l'*emptor bonorum*. Les textes sont précis à cet égard : *Item vocatur in deductionem et id quod in diem debitur : compensatur autem non solùm quod præsenti die debitur* (1). Il résulte de ce texte de Gaius, que, comme en Droit français (2), la déconfiture enlevait au débiteur le bénéfice du terme.

Telles étaient les règles auxquelles était soumise la

(1) G. § 67. C. IV.
(2) Art. 1188 C. N.

Enfin, on a voulu conclure de ces mots : *inducebatur per exceptionem doli mali*, contenus dans le § 30 *de Actionibus*, que l'exception de dol, lorsqu'elle était vérifiée, n'amenait pas l'absolution complète du défendeur. Nous dirons que ce texte mentionne l'introduction de la compensation dans les actions de droit strict, mais qu'il ne prétend apporter aucune exception aux principes de la plus pétition. De tous ces motifs, il résulte que, tant que le système formulaire sera en vigueur, l'exception de dol ne saura amoindrir les effets de la plus pétition ; que dès-lors le juge ne pourra modifier l'intention, et que, si elle ne se trouve pas conforme à la réalité des choses, la demande sera repoussée toutes les fois que le demandeur n'aura pas fait ses réserves dans la prescription.

Tels étaient, sous le système de la formule, la nature et les effets de la compensation. A côté des règles générales que nous venons d'examiner, se trouvaient des principes spéciaux qui réglaient deux espèces de compensation de nature toute différente. Je veux parler de la compensation imposée à l'*argentarius*, et de la *deductio* que devait opérer l'*emptor bonorum*.

§ 5. — *De la Compensation de l'Argentarius.*

L'Argentarius était une sorte de banquier qui fesait le commerce des espèces et qui était chargé par les particuliers d'effectuer ou de recevoir des paiements. A cause de ce négoce, il était obligé de tenir des registres qui constataient d'une manière régulière sa position à l'égard des personnes avec lesquelles il était en relation d'affaires. Dès-lors, ce n'était pas lui imposer une charge dangereuse que de l'obliger à défalquer ce qu'il devait sur ce qu'on lui devait : cette compensation devait être faite dans l'*intentio*, dans cette partie de la formule qui précisait le point litigieux, et dont la vérification entraînait la condamnation ou l'absolution du défendeur. Si l'*argentarius* ne mentionnait pas dans l'*intentio* sa créance et celle de son commettant ; s'il n'établissait pas le reliquat qui lui était dû, il était soumis aux effets de la plus pétition, et le défendeur était absous, s'il parvenait à établir le mal fondé de la demande. C'est ce qui résulte du § 68 du Commentaire IV de Gaïus : *Præterea compensationis quidem ratio in intentione ponitur: quo fit ut si facta compensatione plus nummo uno intendat argentarius, causa cadat, et ob id rem perdat.*

Evidemment, pour que l'*argentarius* pût établir la compensation, et déterminer le reliquat, il fallait que les choses fussent de la même espèce. *Pecuniâ cum pecuniâ compensatur, triticum cum tritico, vinum cum vino* (1). Ainsi, il n'aurait pu établir une balance entre un cheval et du vin, entre du blé et des livres. Cette compensation ne pouvait être faite que par le juge, et l'*argentarius* se trouvait alors soumis aux règles ordinaires. Ne pouvant arbitrairement fixer ce qui lui restait dû, il ne pouvait balancer une créance liquide avec une créance non liquide ; de même, il ne pouvait établir la compensation entre deux créances, dont l'une était exigible et dont l'autre ne l'était pas (2).

(1) G. § 66. C. IV.
(2) G. § 67. C. IV.

SECTION Ire.

Comment se fait la Compensation et quels sont ses effets.

Rechercher comment s'opère la compensation, c'est se demander si la compensation est, en Droit Romain, judiciaire ou légale, c'est examiner si elle se forme *ipso facto*, aussitôt que les deux dettes compensables ont existé simultanément, ou bien s'il faut pour qu'elle puisse s'opérer, que le défendeur l'oppose lui-même ; c'est en d'autres termes expliquer les mots *ipso jure* renfermés dans le texte de Justinien (1).

Il est hors de doute que dans l'origine la compensation était judiciaire et non légale. Sa nature, l'historique de son introduction dans le Droit confirment cette opinion. Dans les actions de bonne foi, c'était le juge qui, décidant *ex æquo et bono*, tenant compte des rapports réciproques qui unissaient les parties, éteignait leurs obligations jusqu'à due concurrence, et ne condamnait le défendeur qu'au reliquat. Par conséquent, c'était la sentence elle-même et non la compensation qui éteignait directement les obligations respectives. Plus tard, lorsqu'elle étend ses effets aux actions de droit strict, elle se présente encore avec un caractère judiciaire. C'était au moyen de l'exception de dol qu'elle était reçue par le *judex*, et ce n'était que tout autant que cette exception se trouvait vérifiée, que la sentence du juge opérait l'ex-

(1) Inst. § 30. Liv. IV. Tit. VI.

tinction des créances réciproques. Aussi, les jurisconsultes romains n'ont-ils pas assigné à la compensation sa place parmi les modes d'extinction d'obligations, et l'ont-ils considérée comme une exception, comme un véritable moyen de défense.

Ce ne serait donc que plus tard, sous l'influence des idées nouvelles, que se serait opéré un changement dont les textes ne nous donnent aucune trace certaine. Ce serait sous Justinien que la compensation serait devenue un paiement fictif, se réalisant par la force seule de la loi, au moment de la co-existence des obligations contraires.

Cette question est une de celles qui ont le plus divisé les interprètes du Droit Romain. D'un côté, Cujas, Voet, Pothier, admettent que la compensation s'opère *ipso facto* légalement, sans l'office du juge qui ne fait que reconnaître dans sa sentence un fait préexistant l'extinction des obligations contraires. D'un autre côté, Vinnius, Donneau et la plupart des auteurs modernes soutiennent qu'elle est judiciaire, qu'elle ne constitue qu'un moyen offert au défendeur pour obtenir, au moment de la sentence, dispense totale ou partielle de payer le montant de la demande. La question n'est pas sans intérêt ; car, si on suit la première opinion, on devra décider comme conséquences :

1o Que le débiteur qui, pouvant opposer la compensation, n'invoque pas ce moyen, acquitte une dette qu'il ne devait pas, que dès-lors il peut exercer la *condictio indebiti* tendant à répéter ce qu'il a indûment payé, mais qu'il ne peut exercer l'action résultant de sa créance, puisqu'elle a été éteinte par la compensation ;

2o Que, pour qu'il y ait lieu à la compensation, il

2

faut que les deux dettes aient pour objet des choses fongibles, comme du blé avec du blé, du vin avec du vin; de telle sorte que, si les choses ne sont pas fongibles, elles ne pourraient être compensées;

3° Que, si l'un des débiteurs solidaires devient créancier du créancier commun, il y a extinction de la dette *ipso facto*; de telle sorte que tous les coobligés solidaires peuvent se prévaloir de la libération, sauf leur recours réciproque.

Si on admet le second système, nous devrons reconnaître que la compensation devra être opposée pour produire un effet; que, si le débiteur n'a pas recours à ce moyen d'éteindre la demande de son adversaire, il pourra exercer, non la *condictio indebiti*, puisqu'il n'y a pas eu extinction d'obligation, et qu'il a payé ce qu'il devait en réalité, mais qu'il devra intenter l'action qui garantissait la créance qu'il avait contre son propre créancier.

Pour arriver à établir invinciblement notre opinion, qui consiste à reconnaître à la compensation une nature judiciaire, nous tâcherons d'abord d'exposer aussi fortement que nous le pourrons le système contraire pour le faire tomber ensuite plus facilement dans toutes ses argumentations. La théorie de nos adversaires s'appuie sur les motifs suivants :

1° Les mots *ipso jure*, que contiennent les Institutes de Justinien, § 30, liv. IV, tit. VI, veulent dire que la compensation s'opère par le seul effet de la loi; et quoique le juge doive intervenir pour opérer la compensation, il n'en change pas le caractère. Il ne la crée pas, il la manifeste; il n'éteint pas l'obligation, il avertit qu'elle a été éteinte; il sanctionne, par sa sentence un fait préexistant. Il suit de là que, par le mot *ipso jure*, le texte veut dire que, du moment où deux dettes, qui peuvent d'ailleurs se compenser, se sont trouvées reposer sur la tête de deux débiteurs réciproques, la compensation s'est opérée *ipso facto*, *ipso jure*, par la seule force de la loi, par la seule puissance du législateur et sans aucun fait de l'homme. C'est dans ce sens que plusieurs textes emploient cette expression (1).

2o Le second argument est ainsi développé : Si le débiteur qui a le pouvoir d'opposer la compensation paie par mégarde, sans vouloir bénéficier de l'avantage que lui donne la loi, il pourra exercer la *condictio indebiti*. Or, comment concevoir qu'il pût exercer la répétition de l'indu, si la compensation n'avait opéré déjà l'extinction de la dette (2).

3o On oppose encore les frag. 4 et 5 du Code, au titre relatif à la compensation, et la *Const.* 7, *de solutione*. D'après ces textes, le cours des intérêts est arrêté du jour où les deux dettes ont coexisté. On ne peut comprendre ce résultat de la compensation que par l'extinction légale des obligations au moment de leur coexistence.

4o Nos adversaires puisent un autre motif de solution dans le fragment 21, au *dig. de Comp.*, qui nous apprend que, si le *procurator* d'un absent est actionné, il ne doit pas fournir la caution de *rato*, *quia nihil compensat.*, dit le texte, *sed ab initio minus ab eo petitur.* Ce que Pothier interprète de la manière suivante : *Non*

(1) *(Inst. § 3. de Here ab int).(Fr. 73. § 5, ad Leg. falc.) (Fr. 1, § 5. quod legat.)*
(2) F. 10, § 1. *de Comp.*

ipse compensat, non ipse aliquid mutuo petit; sed allegat compensationem ipso jure factam, quæ ab initio jus petitoris ipso jure minuit (1).

5o Leur système est encore établi, disent-ils, par les sent. 11, 15 et 3, de Paul. Ces textes décident que, si le créancier réclame la somme entière, sans faire la déduction de celle dont il est lui-même débiteur, il encourt par cela même la peine de la plus-pétition : *Si totum petat plus petendo causa cadit* : ce qui suppose évidemment que la créance du défendeur avait éteint en partie ou en totalité celle du demandeur, avant qu'il intentât son action.

Telle est la théorie moins forte que spécieuse qui tend à établir que la compensation est légale, qu'elle s'opère de plein droit sans qu'il soit nécessaire de l'opposer devant le juge, et de la faire admettre par sa sentence.

Avant d'établir notre système, nous essaierons de repousser les arguments présentés à l'appui de l'opinion contraire, arguments que nous venons de formuler.

Quel est le sens qu'on doit appliquer aux mots *ipso jure?* En Droit Romain, on leur attribue plusieurs significations. Ainsi, ils veulent dire de plein droit, par la seule force de la loi, lorsque les textes nous disent que les héritiers *ab intestat* succèdent de plein droit. C'est cette interprétation qui est donnée à ces mots par quelques lexicographes : « *Ipso jure fieri dicitur*, dit Brisson, *quod ipsa legis potestate et auctoritate absque magistratus auxilio et sine exceptionis ope fit.* » « *Verba ipso jure*, dit

_____

(1) T. 6, pag. 282. *Poth. Pand.*

Spigalius, *intelliguntur sine facto hominis.* Mais si ces termes ont quelquefois l'acception que nous venons de leur donner, il est des cas où il n'ont plus la même signification, et où ils veulent dire simplement qu'il n'est pas nécessaire de recourir à la voie des exceptions pour repousser les prétentions du demandeur. C'est ce qui résulte de la loi 27, § 2, D. *de Pactis*, de la loi 84, ? 1, *de Oblig. et Act.* C'est dans ce dernier sens que Vinnius et Donneau les expliquent, lorsqu'ils se rapportent à la compensation. Voici comment s'exprime Donneau à ce sujet : « *Nàm alias, ipso jure opponitur ei quod per exceptionem fit : cùm agitur de aliquo liberando, ibi liberari ipso jure, et liberari per exceptionem opponuntur. Et cùm simpliciter dicimus aliquem liberari ipso jure, hoc intelligimus eum ita liberari ut liberetur sine ope exceptionis, et contrà, cùm dicimus aliquem liberari per exceptionem, hoc intelligitur non liberari eum ipso jure, sed tantùm per exceptionem : sic ista inter se opponuntur, cùm de liberatione debiti agitur. Sed ipsum est igitur quod significatur hoc loco. Compensatio ipso jure pro soluto habetur, id est ita debitorem vice solutionis liberat, ut liberetur jure ipso, sine ope exceptionis.* » Quant à Vinnius, il arrive au résultat que nous voulons faire produire à la compensation, c'est-à-dire, qu'elle soit considérée comme judiciaire, en donnant aux mots *ipso jure* une interprétation autre que celle que nous lui attribuons et que lui attribue Donneau. D'après Vinnius, il n'y a pas de compensation si elle n'est opposée en justice ; mais aussitôt qu'elle est opposée, elle anéantit ou diminue par sa propre force la créance du demandeur. *Actiones pro jure minuunt. Hoc non ita accipiendum est, quasi debitor liberetur compensatione sine facto suo, id est,*

non oppositâ defensione compensationis. . . . .
*quæ tamen allegatio propriè exceptio non est, licet ita vulgo
appellatur; sed species defensoris, quæ actoris intentionem
repellit negatione juris, qualis est allegatio solutionis, ac-
ceptilationis, novationis, etc.* (1).

Ainsi les textes ne donnent satisfaction complète ni
à l'une ni à l'autre interprétation attachée aux mots
projure. Dès lors l'argumentation qui reposerait seulement
sur cette interprétation risquerait de faire fausse route,
et ne pourrait servir de base à une théorie sérieuse.

Mais, nous dit-on, comment expliquer que le débiteur
puisse exercer l'*actio indebiti* lorsqu'il n'aura pas opposé
le bénéfice de la compensation, si on ne reconnaît pas
qu'elle a éteint par elle-même les obligations contraires?
L'exercice de la *condictio indebiti* accordée au débiteur ne
prouve nullement que la dette a été éteinte antérieurement par le seul effet de la loi; car, il est de principe
constant en droit romain, que celui qui a une exception
perpétuelle peut toujours exercer la répétition de l'indu.
*Qui habet exceptionem perpetuam, solutum per errorem
repetere potest* (2). Mais ce qui serait difficile à nos adversaires d'expliquer dans leur système, c'est la faculté
qu'a le débiteur qui n'a pas opposé la compensation d'a-
bandonner le bénéfice de la *condictio indebiti* et de poursuivre sa créance au moyen de l'action directe qui résulte
de l'obligation elle-même. Ce principe, puisé dans des
textes précis, prouve d'une manière irréfragable que les
deux dettes ne s'étaient point éteintes jusqu'à due concurrence, *ipso facto, sive voluntate debitoris.* Ce dernier point

(1) Vinn. § 30. Tit. VI, Liv. IV, *des Inst.*
(2) 40. D. 12, 6.

d'ailleurs n'a jamais paru douteux aux meilleurs interprètes. Vinnius s'exprime ainsi : « *Quæcumque autem vis est* » *compensationis, ea constituta est debitori, qui compensa-* » *tione usus est, sin minùs salva ei manet vetus petitio* (1). » Voet lui-même, qui soutient l'opinion que nous combattons, reconnaît en ces termes l'existence de l'action directe naissant de l'obligation : « *Quod si compensationis* » *in judicio allegatæ rationem judex non habuerit, salva* » *nihilominus manet petitio* (2).

Le motif emprunté à la disposition qui arrête le cours des intérêts du jour où les deux créances ont coexisté, et qui résulte du fragment 11 au Digeste et des constitutions 4 et 5 au Code, est spécieux, mais ne reste pas sans réponse. En effet, rappelons-nous le principe que nous avons déjà énoncé, souvenons-nous que l'équité a été la seule source de la compensation, et nous comprendrons que les intérêts ont dû être arrêtés aussitôt que la compensation aurait pu être opposée. Consacrer des principes contraires à ceux qui sont contenus dans les frag. 11, 6, 4 et 5 *de Comp.*, au Code et dans le frag. 7 *de solutione* au Code, c'était aller contre le but qu'on s'était proposé. On aurait blessé l'équité, si on avait voulu que les intérêts n'eussent cessé de courir que le jour où on aurait opposé la compensation, c'est-à-dire au jour du jugement ; en effet, la position des parties n'aurait plus été égale, les droits du défendeur auraient été sacrifiés aux prétentions illégitimes du demandeur ; c'est d'ailleurs ce qu'exprime la Const. 5 au Code de *Comp. æquitas compensationis usurarum excludit computationem.*

_____

(1) Vinn. § 30, L. IV, T. VI, *Inst. de Just.*
(2) Voet. § 19. Liv. XVI, Tit. de *Comp.*

Ce qui confirme cette explication, à savoir que l'équité est la seule raison qui a fait rétroagir la cessation du cours des intérêts au jour de la coexistence des deux dettes, c'est que la décision de Septime Sévère dont parle Ulpien dans la loi 11 au Dig. *de Comp.*, se rapporte à une époque où la compensation ne pouvait être que judiciaire. En effet, les actions *stricti juris* existaient encore, et c'était à elles que l'on appliquait cette décision. Or nous savons que dans les actions de droit strict, la compensation ne pouvait s'opérer qu'*exceptionis ope*, qu'au moyen de l'exception de dol.

On invoque encore contre notre théorie la loi 4 et 21 au digeste. On ne sera pas plus heureux en s'appuyant sur l'autorité de ces fragments qu'on ne l'a été dans les citations déjà présentées contre nous. En effet, les frag. de la loi 4 et de la loi 21 sont dus à Pomponius et à Neratius qui vivaient en plein système formulaire, époque où il est reconnu que la compensation était éminemment judiciaire. Il faut admettre alors que ces textes sont de ceux dans lesquels un alliage maladroit des idées nouvelles et des idées anciennes, est venu fausser les véritables principes. Aussi faut-illes écarter de la discussion comme altérés.

Enfin, on nous oppose les effets de la plus-pétition qui frappe le demandeur qui n'aura pas fait la défalcation dans l'*intentio* et qui n'aura pas fait ses réserves dans une *præscriptio*. On ne saurait induire de là que la compensation peut produire ses effets sans l'office du juge. Sans doute, nous reconnaissons que *in abstracto* la créance du demandeur s'est trouvée réduite jusqu'à due concurrence de celle du défendeur, d'ailleurs c'est ce que reconnaît le juge, en prononçant contre le demandeur la peine de la plus-pétition. Mais nous sommes forcé d'admettre qu'en droit la créance entière du demandeur existe jusqu'à ce que le juge ait prononcé la compensation ; c'est alors seulement qu'elle se trouve rétroactivement éteinte, et cet effet rétroactif de la compensation que nous avons signalé à l'égard du cours des intérêts, s'exerce encore pour donner à la plus-pétition un moyen de se produire.

Maintenant que nous avons écarté l'argumention de l'opinion contraire, nous pouvons aborder des preuves plus directes.

Nous ne reviendrons pas sur l'argument que nous avons puisé dans la loi 7, § 1, Dig., qui déclare que lorsque le débiteur a négligé d'opposer la compensation ou lorsque le juge n'en a pas tenu compte, il conserve néanmoins son action primitive pour obtenir ce qui lui est dû (*salva manet petitio*). Ce qui prouve clairement que les deux dettes ne sont point éteintes *ipso facto* jusqu'à due concurrence.

La compensation s'opérant *ipso jure* dans les actions *in rem*, prouve au plus haut point que ces expressions ne signifient pas par la seule force de la loi et sans l'office du juge. En effet, dans les actions *in rem*, la compensation ne pouvait se produire qu'au moyen de la sentence du juge ; car c'était au juge qu'était imposée l'obligation d'estimer la valeur de l'objet revendiqué, que le défendeur n'avait pu livrer par suite de force majeure, et de défalquer de cette dette la dette du demandeur. Dès lors la compensation *in rem* étant judiciaire et non légale, les expressions *ipso jure* qui se trouvent dans le texte, ne signifient pas qu'elle s'opère par la seule force de la loi.

Le fragment 4 de Gaïus, Dig. *de Comp.*, nous fournit une nouvelle preuve à l'appui de notre système. D'après ce texte le fidéjusseur peut opposer, à son choix, en compensation, soit sa propre créance, soit la créance du débiteur principal contre le créancier poursuivant. Il résulte de ce principe que l'extinction des obligations réciproques n'a pas eu lieu *ipso facto*, car le fidéjusseur n'aurait pu ainsi à son choix compenser sa propre créance, c'est-à-dire faire revivre des obligations éteintes pour les soumettre à une nouvelle cause d'extinction.

Nous argumenterons encore du fragment 10 qui s'exprime ainsi : *Si duo rei promittendi socii non sint ; non proderit alteri, quod stipulator alteri reo pecuniam debet.* Si la compensation s'opérait *ipso facto*, il en résulterait que la dette principale s'éteignant au moment où l'un des débiteurs solidaires devient le créancier du créancier commun, le codébiteur solidaire aurait pu se prévaloir de l'extinction légale de la créance. Le frag. 10 adopte une autre solution, c'est qu'il reconnaît implicitement que les dettes ne pourront être éteintes que par le pouvoir du juge.

Si nous joignons à la puissance de tous ces motifs, la circonstance que dans l'origine la compensation était judiciaire, que Justinien, à qui l'on veut attribuer le changement opéré dans la nature de la compensation, place cette matière, non parmi les modes directs d'extinction d'obligation, mais au liv. IV, tit. VI des Institutes, qui traite des moyens offerts pour exercer une action ou pour la repousser, nous serons invinciblement forcé d'admettre qu'en Droit Romain la compensation était judiciaire et non légale.

SECTION II.

Quelles sont les dettes susceptibles d'être éteintes par la Compensation.

On peut repousser, au moyen de la compensation, toutes sortes d'actions, quelle que soit leur nature et leur cause, qu'elles proviennent du Droit civil ou de la juridiction du prêteur. C'est ainsi que celui qui est actionné en vertu d'une sentence (1), *qui judicati convenitur*, que celui qu'on poursuit noxalement ou pour un délit, *si de ea re pecuniarié agitur* (2), peuvent opposer en compensation ce qui leur est dû.

Quant aux obligations qui naissent de délits, quelques interprètes ont donné à la compensation une extension qu'elle ne saurait avoir. En s'appuyant sur les (L. 36, D. 6, 3; — L. 57, § 3, D. 18, 1; —L. 39, D. 24, 3.), ils ont décidé que lorsque deux personnes se sont rendues coupables l'une à l'égard de l'autre d'un même délit, leurs prétentions réciproques se trouvent compensées, non-seulement dans une certaine proportion, mais d'une manière absolue. Nous ne pourrions raisonnablement accepter une théorie qui, pour formuler un principe général, s'appuie sur des exception particulières.

Si la loi 39, D. 24, 3, décide que lorsque deux époux se sont donné réciproquement de justes sujets de plainte et de divorce, il n'y a pas lieu de leur faire subir la

(1) L. 2, C. de Comp.
(2) L. 10, § 2, D. de Comp.

peine qui frappe l'époux fautif, et que les actions qui naissent de ces délits se trouvent compensées, il ne faudrait pas reconnaître qu'elle peut recevoir une application générale. Il est raisonnable et conforme à l'équité de prétendre que la condition essentielle pour recueillir le bénéfice de la peine encourue par l'époux fautif, est la conduite irréprochable du conjoint. Dès lors cette condition venant à manquer de part et d'autre, il est évident qu'aucune peine ne pouvait être encourue.

Quant à la loi 36 D. 6, 3, il faut reconnaître que, se rapportant au cas où le dol a été commis dans la même cause, elle ne peut servir d'argument sérieux au système que nous combattons, car il y a lieu d'appliquer la règle que personne ne peut se prévaloir de son dol pour en tirer un bénéfice. La même remarque s'applique à la loi 57, D. 18, 1.

La compensation peut, en règle générale, être opposée à toute personne, aux personnes morales (corporations, cités, fisc), comme aux particuliers. Cependant, en ce qui concerne le fisc, il y a des exceptions. 1o La compensation ne peut être opposée d'une trésorerie à l'autre pour ne pas entraver la comptabilité (1). 2o La compensation ne peut être opposée au fisc dans les cas suivants : lorsqu'on est débiteur d'un prêt en argent comptant ; lorsqu'on doit des contributions qui ont déjà reçu une destination fixe, qui sont affectées, par exemple, à l'armée, aux pauvres, etc. ; enfin, lorsque l'on est débiteur du fisc pour avoir acheté de lui (2).

---

(1) L. 1 et L. 3, C. 4, 31.
(2) L. 46, § 5, D. 49, 14. — L. 3, C. 4, 31. — L. 17, D. 16, 2. — L. 7, C. 4, 51.

Il y a deux espèces de dettes qu'on ne peut éteindre par la compensation : 1° le dépôt; 2° la dépossession injuste ou violente.

Le dépositaire, alors même que les choses déposées sont des choses fongibles, est toujours débiteur d'un corps certain, par conséquent il est tenu de rendre la chose elle-même qui a été déposée. Ce principe reconnu dans les *Sent.* de Paul, liv. II, tit. XII, ? 3, a été confirmé par Justinien, L. pénult. Cod. *Depositi.*

En matière de spoliation, on ne peut opposer aucune compensation contre la demande ; car, en matière de possession, il existe un principe certain, c'est que toujours et avant tout, le lésé doit être restitué, *spoliatus ante omnia restituendus.*

SECTION III.

Quelles dettes peuvent être opposées en compensation.

Plusieurs conditions doivent concourir pour qu'une dette puisse être opposée en compensation. Il faut qu'elle soit :

1° Réellement due ;

2° Echue;

3° Liquide ;

4° Déterminée ;

5° Personnelle au débiteur;

6° Personnelle au créancier ;

7° De la même espèce que celle qu'elle doit compenser.

1° *Qu'elle soit réellement due.* — Par conséquent, toutes les fois que l'action résultant de la créance peut être repoussée au moyen d'une exception perpétuelle, il n'y a pas lieu à compensation (1).

De même, une créance purement naturelle peut être opposée en compensation. Cela résulte de l'équité, fondement de ce fait juridique (2).

On s'est demandé si on peut opposer en compensation une créance prescrite. Cette question dépend de la solution de cette autre question, à savoir si la prescription est une exception qui porte atteinte au fondement naturel de l'obligation, ou si elle ne fait disparaître que l'élément civil, laissant subsister l'obligation naturelle. Si la prescription laisse survivre l'obligation naturelle, comme cette dernière peut servir de fondement à la compensation, il faudra reconnaître que la créance prescrite pourra être opposée en compensation.

Cette question qui a divisé les commentateurs du Droit Romain, divise encore ceux qui l'examinent au point de vue des lois françaises; à ce titre, elle mérite un examen sérieux. Nous sommes de ceux qui pensent que la prescription a fait disparaître tout le droit, et qu'elle a anéanti à la fois l'élément civil et l'élément naturel de l'obligation. A l'appui de notre opinion, nous opposerons la clarté des textes qui ne laissent aucun doute sur cette question

Nous invoquerons d'abord la loi 37, D. 46, 1. D'après ce texte, le cautionnement constitué sur une dette éteinte par prescription est nul. Or, pourrait-il en être ainsi, si la prescription avait laissé subsister une obligation na-

(1) L. 14, D. de Comp.
(2) L. 6, D. de eod. tit.

turelle ? Évidemment non , car le cautionnement donné
à une obligation naturelle est valable.

Nous opposerons encore la loi 25, § 1, D. 46, 8. Un
débiteur qui est sur le point de prescrire paie à un
tiers et l'engage, par une stipulation , à faire ratifier
le paiement par le créancier. Le tiers fait ratifier le
paiement après que la prescription a éteint la dette. Que
décide la loi ? Elle permet au débiteur d'intenter l'*actio
ex stipulatu*, dans le but de se faire restituer la somme
payée , parce que , ayant été libéré par la prescription,
la ratification n'a pu le libérer , et l'obligation du tiers
est restée sans cause. D'après cette loi, il résulte que
l'obligation qui a été payée lorsqu'elle était prescrite ,
donne lieu à une action en répétition. Donc, après la
prescription , il n'existe plus de dette naturelle , sans
quoi le paiement après prescription ne devrait pas donner lieu à répétition.

Si nous ajoutons à ces arguments les motifs qu'on
peut puiser dans les L 23 , § 2, D. 5, 2 , et 18, § 1 ,
D. 13, 5 , nous serons forcé d'admettre que la prescription a pleinement éteint toute obligation, et que dès-
lors la créance prescrite ne saurait donner naissance à la
compensation.

La créance qui résulte du paiement de l'indû peut
fournir matière à compensation (1). Mais ce qu'on a payé
par suite d'une sentence injuste ne pouvant être répété,
ne peut donner lieu à la compensation (2).

2o *Échue.* — Nous ne devons pas dire exigible , car,
en Droit Romain, l'obligation naturelle se compense ,

(1) L. 10, Cod. *de Comp.*
(2) L. 2, Cod. de eod. *tit.*

et cependant elle n'est pas exigible. *Quod in diem debe-*
tur, non compensabitur antequàm dies veniat (1); c'est là
une conséquence de ce que la compensation est un paiement indirect et réciproque. Or, le débiteur de la dette
dont le paiement n'est point encore échu, n'est point
tenu d'admettre la compensation à l'égard de sa créance,
puisqu'il n'est pas tenu de la payer.

Mais si le terme conventionnel arrête les effets de la
compensation, il n'en est pas de même du terme de
grâce, accordé seulement à l'effet d'arrêter la rigueur
des poursuites; *aliud est diem compensationis non venisse,*
aliud humanitatis gratiâ tempus indulgeri solutionis (2);
cette décision conforme à la raison se réfère encore à
cette règle de droit : *quæ propter necessitatem recepta sunt,*
non debent in argumentum trahi (3).

Si l'on ne peut, en règle générale, opposer en compensation une créance à terme, à plus forte raison ne peut-
on opposer une créance conditionnelle, qui ne constitue
qu'une espérance, et qui n'établira un lien obligatoire
que si la condition se réalise. Cela est si vrai que la loi
autorise la répétition de la dette conditionnelle acquittée
par erreur.

3° *Liquide.* — Une dette est liquide lorsque son existence et sa quotité ne peuvent faire l'objet d'aucune contestation, *cùm certum est an et quantùm debeatur.* Cette
condition n'est pas rigoureusement absolue, il ne suffit
pas de soutenir qu'une dette n'est pas liquide pour empêcher l'effet de la compensation, autrement il serait

(1) L. 5, ff. *De Comp.*
(2) L. 23, ff. *De eod. tit.*
(3) L. 162. *De reg. juris. Dig.*

trop facile au débiteur de mauvaise foi d'éluder la compensation en soulevant des contestations sans fondement. C'est le juge qui discernera si la dette offerte en compensation est ou non liquide, et si la compensation doit être admise ou rejetée.

4o. *Déterminée.* — La dette est déterminée lorsqu'elle présente les caractères requis pour qu'il y ait lieu à compensation. C'est pourquoi, s'il s'agit d'une créance alternative *decem millia aut hominem debeas,* ce ne sera qu'autant que la créance deviendra déterminée par le choix qui sera fait d'une des prestations ou par la perte de l'un des objets, qu'elle pourra être opposée en compensation. *Si debeas decem millia aut hominem, utrum volet adversarius; ita compensatio hujus debiti admittitur, si adversarius palàm dixisset, utrum voluisset* (1).

5o *Personnelle au débiteur.* — Il ne peut être permis d'opposer en compensation à quelqu'un ce qu'on doit à un autre. Ainsi, je ne pourrais opposer contre ce que je dois la compensation de ce que mon créancier doit à mon père, à mes enfants, etc. Papinien va plus loin, car il décide que mon créancier peut repousser en compensation une dette qu'il a contractée à l'égard d'un tiers, lors même que ce dernier offrirait de compenser pour moi ce qui lui est dû, *quamvìs creditor ejus, pro eo qui convenitur, proprium debitum velit compensare* (2).

Cette règle, que nous ne pouvons opposer la compensation que de ce qui nous est dû à nous-même, reçoit exception en faveur des cautions. En effet, il est de principe que le fidéjusseur peut opposer au créancier toutes les dé-

(1) L. 22. *D. de Comp.*
(2) L. 18. *D. de eod.*

fenses dont pourrait user le débiteur principal. Or, comme le débiteur principal peut opposer au créancier la dette que ce créancier a contractée en sa faveur, le fidéjusseur pourra opposer la compensation de cette dette. *Si quid a fidejussore petitur, œquissimum est fidejussorem eligere quod ipsi an quod reo debetur, compensare malit* (1). Mais on ne pourrait soutenir la réciproque ; le débiteur principal ne peut opposer à son créancier la compensation de ce que son créancier doit à ses cautions, car le débiteur principal pouvant être tenu à une obligation plus forte que celle de la caution, il ne peut opposer au créancier les défenses personnelles au fidéjusseur.

6o *Personnelle au créancier.* — Ainsi, si quelqu'un me demande ce que je lui dois, je ne pourrai lui opposer la dette dont un autre que mon créancier est tenu envers moi. Il suit de cette règle que le débiteur ne peut opposer en compensation au tuteur agissant au nom de son pupille, ce que le tuteur lui doit de son côté (2).

Un débiteur solidaire peut opposer en compensation au créancier commun, la créance de son codébiteur ; mais, pour qu'un tel résultat se produise, il faut que les débiteurs solidaires soient unis par un contrat de société. Il résulte de là que les textes n'ont fait que sanctionner le principe général et n'ont pas produit une exception à la règle qui veut que l'on ne puisse compenser avec la créance d'un tiers. En effet, le créancier commun, qui s'est obligé envers un débiteur solidaire associé, ne s'est pas obligé simplement envers ce débiteur, mais encore envers la société.

---

(1) L. 5. *D. de Comp.*
(2) L. 23. *D. de eod.*

On ne saurait non-plus reconnaître une exception au principe que l'on ne peut compenser avec la créance d'un tiers, dans le cas où le débiteur oppose en compensation à son créancier la créance dont il est devenu cessionnaire; car, par l'effet de la litiscontestation ou de la sentence du juge, la cession transmet au cessionnaire tous les bénéfices de la créance et tous les droits du cédant. Dès-lors il serait injuste de lui refuser le droit d'opposer la compensation.

Il n'y a pas non plus d'exception au principe que nous venons d'énoncer, lorsque le débiteur oppose à son créancier la créance de celui dont il est devenu l'héritier pour sa part héréditaire ; car le défunt et l'héritier ne sont qu'une seule et même personne.

On s'est demandé si le débiteur cédé pourrait opposer au cessionnaire la créance qu'il a contre le cédant. Il faut distinguer les cas où la créance du débiteur cédé est antérieure à la notification de la cession, du cas où elle est postérieure.

Dans le premier cas, le débiteur pourra opposer la compensation, car le créancier n'a pu transférer au cessionnaire plus de droits qu'il n'en avait lui-même. Or, le débiteur pouvait lui opposer l'exception naissant de la compensation, donc il pourra l'opposer au cessionnaire. La cession, ayant pour effet de transférer la créance telle qu'elle se trouve au moment de la notification, n'a pu lui enlever un bénéfice qui lui appartenait.

Mais si le débiteur cédé est devenu créancier du cédant à partir de la notification de la cession, il ne peut opposer sa créance au cessionnaire. Depuis cette notification, le débiteur ne peut plus changer ses rapports avec le cédant au sujet de la créance cédée qui est hors de son patrimoine. Aussi ne saurait-il créer une exception à l'égard de cette créance, qui a été transférée libre de toute exception.

Le débiteur peut aussi opposer en compensation à l'héritier, la créance qu'il avait contre le défunt, car le défunt et l'héritier ne font qu'une seule et même personne. Cette règle est loin de créer une exception au principe que l'on ne peut opposer en compensation la créance qu'on a sur un tiers.

Ce n'est pas non plus par exception à la règle qui nous occupe, que le débiteur du père peut opposer à celui-ci la créance qu'il a acquise en contractant avec le fils dans les limites du pécule profectice, car le père lui-même est censé avoir contracté par le fils ; mais le père n'est tenu que jusqu'à concurrence du pécule, et c'est alors jusqu'à concurrence de ce pécule qu'il est tenu de souffrir la compensation.

7° *De la même espèce que la créance contre laquelle elle est opposée.* — Cette règle découle du caractère de la compensation et des principes en matière de paiement. Il serait aussi contraire à ces principes qu'à l'équité elle-même que le débiteur pût, sans le consentement du créancier, fournir autre chose que la prestation convenue.

DROIT FRANÇAIS.

CRÉDIT FONCIER.

Il est un mot qui retentit aujourd'hui de tout côté en France et qui sert de devise à une institution qui semble être devenue une des bases essentielles de notre nouvelle organisation sociale. Ce mot c'est le crédit foncier.

Appelée par les vœux de la population, la loi sur le crédit territorial n'a reçu une sanction définitive qu'au 28 février 1852. Avant cette époque, économistes, jurisconsultes, publicistes s'étaient demandé si une organisation de banques territoriales pourraient relever la France de l'état de malaise et de souffrance qui l'accablent, en fermant à la propriété l'abîme qui, s'agrandissant tous les jours, la menace d'une banqueroute inévitable.

Une dette hypothécaire de seize milliards avait fait

reconnaître les vices et l'insuffisance de notre législation. Aussi une foule de systèmes avaient surgi pour porter remède à ce mal et venir au secours de la propriété. Mais toutes ces réformes avaient échoué devant la difficulté de l'exécution, et on s'était arrêté devant l'idée de porter atteinte à l'unité du Code Napoléon, en frappant le titre des hypothèques de modifications qui touchaient à tout l'ensemble de notre Droit.

Le gouvernement de 1852, ne consultant qu'une idée généreuse et voulant que le sol de la France eût aussi son crédit, a organisé une institution que les esprits les plus éminents avaient regardée comme une véritable utopie.

Etudier les avantages et les vices du crédit foncier tel qu'il est établi en France, rechercher quelles sont les modifications que les décrets de 1852, 1853 et 1854 ont apportées au régime du droit commun, tel est le but que je me suis proposé : je diviserai mon travail en six titres. Dans le premier, j'examinerai ce que c'est que le crédit en général, le crédit foncier en particulier ; j'étudierai quels sont ses avantages et comment il a été appliqué en France. Dans le titre deuxième, je verrai quelle est la nature et quels sont les effets des prêts faits par les sociétés de crédit. Dans le troisième, je traiterai des obligations émises par ces sociétés. Dans le quatrième, je rechercherai quels sont les priviléges qui leur ont été accordés pour la sûreté du prêt. Dans le cinquième je passerai en revue les priviléges offerts pour le recouvrement du capital prêté et des intérêts. Et enfin dans le sixième j'examinerai quelles sont les critiques portées contre l'institution de crédit.

TITRE PREMIER.

QU'EST-CE QUE LE CRÉDIT EN GÉNÉRAL? — QU'EST-CE QUE LE CRÉDIT
FONCIER EN PARTICULIER. — QUELS SONT SES AVANTAGES.
COMMENT A-T-IL ÉTÉ INTRODUIT EN FRANCE.

§ 1er. — *Qu'est-ce que le Crédit en général ? — Qu'est-ce que le*
Crédit foncier en particulier. — Quels sont ses avantages.

Pour peu que l'on jette les yeux sur les sociétés modernes , on reconnaît une force toute nouvelle qui les
pousse au progrès et qui est pour elles une source iné-
puisable de richesses , je veux parler du crédit.

Le crédit est cette puissance invisible qui , par les
armes paisibles de la confiance, unit le travail aux capitaux , rapproche la matière de l'activité humaine et
jette dans la circulation le génie de l'homme qui sans
lui resterait souvent dans les ténèbres de l'impuissance.
Le principal effet du crédit est donc de convertir le capital fixe en capital de circulation, de donner la vie à
une richesse morte.

Plus le capital circulant augmentera et deviendra
commun , plus par cela même la difficulté de se le
procurer diminuant , sa valeur s'affaiblira et l'activité
humaine trouvant à se produire avec une plus grande
facilité , se lancera avec plus de fruits dans ses travaux
de production. Aussi, est-ce au crédit que l'industrie et
le commerce doivent le grand développement dont nous
les voyons jouir aujourd'hui ; c'est par le crédit que
l'Etat effectue avec tant de facilité les emprunts consi-

dérables qui lui permettent de faire face aux grandes nécessités que la France réclame. La propriété territoriale seule n'avait pas participé aux bienfaits de cet élément de richesse, et cela seul suffit pour expliquer son état de gêne et de souffrance.

La terre sans appui, réduite à ses propres forces rendues impuissantes par les vices de notre législation, n'avait pu appeler la confiance du capital. S'il lui donnait ses faveurs, c'était au prix des plus rudes sacrifices. Pour elle, point d'abaissement dans le taux de l'intérêt; et lorsque les grandes entreprises commerciales et industrielles, lorsque l'Etat trouvait un capital à 4 1/2 0/0 et 5 0/0, la terre était obligée de payer 8 0/0, 9 0/0, et même dans certaines parties de la France, dans les départements de l'Est, elle ne trouvait à emprunter qu'à 11 0/0; et cela ne doit surprendre personne, car il est facile de concevoir pourquoi, sans crédit, elle ne pouvait se procurer le capital qu'avec une augmentation sensible d'intérêt. En effet, l'intérêt qui, au premier aspect, paraît être simple et indivisible, se compose de deux éléments bien distincts : 1o le loyer du capital; 2o la prime d'assurance de ce capital qui représente les chances de perte de ce dernier, ainsi que les difficultés de réalisation, tant des intérêts du capital que de ce capital. Dès-lors, plus le crédit sera affaibli, plus les chances de perte augmenteront, et plus le taux de l'intérêt sera élevé.

Mais, comment se fait-il que la terre, qui est le gage qui présente la plus grande solidité et la garantie la plus sûre, n'attire pas la confiance du capitaliste? Deux causes vont nous l'expliquer : la première se trouve dans la loi; la seconde, dans la nature du sol lui-même.

1º *Dans la loi.*—En effet, le législateur, loin d'attirer le capital à la terre, a tout fait pour l'en éloigner. Pour les unir il aurait dû garantir le recouvrement exact des intérêts du capital au jour de l'échéance, en n'entourant pas l'expropriation immobilière de formalités nombreuses. Il aurait dû faciliter la circulation des titres de créance, donner les moyens faciles de connaître la position du gage qui doit assurer la réalisation du prêt, en fesant disparaître de nos codes la théorie de la clandestinité et de la généralité des hypothèques légales, et en exigeant la transcription de tout droit réel. Il devait, en un mot, procurer au capitaliste le moyen facile de poser le bilan de la propriété, qui devait lui servir de gage. Telle était la tâche que devait remplir une loi protectrice du crédit territorial ; elle est loin de l'avoir accomplie. Et, comme le dit M. Dupin : « Le sol, qui
» est ce qui présente en apparence le plus de sécurité,
» est cependant le gage auquel on se fie le moins, c'est
» celui qu'on redoute le plus. Pourquoi ? c'est qu'il y a
» un contre-sens dans la législation ; c'est que la loi des
» hypothèques, qui devait être faite pour assurer des
» créances, ne laisse pas les créanciers sans inquiétude
» sur leur conservation ; et la loi d'expropriation, qui
» aurait dû être conçue pour en assurer le recouvrement,
» agit en sens précisément contraire, c'est-à-dire qu'on
» semble avoir tout fait, tout imaginé contre le créancier
» pour empêcher qu'il n'ait son argent à l'échéance. »
Ainsi, la loi des hypothèques et la loi sur l'expropriation, créées en vue de garantir la propriété, sont pour elle une cause de ruine.

2º *Dans la nature du sol lui-même.* — En effet, le capital emprunté par la propriété est immobilisé

et englouti dans le sol, pour n'en sortir qu'en revenus lents mais réguliers, qui font rentrer peu à peu
le propriétaire dans ses avances. Lui imposer la dure
nécessité de rembourser le capital emprunté à terme
fixe et rapproché, c'était à tout jamais le priver des avantages qu'on avait voulu lui procurer, c'était lui interdire
toute espèce d'opérations ; il fallait donc trouver le
moyen de le libérer par un amortissement modéré qui
fût en rapport avec le produit de la terre. Par cet amortissement, l'industrie agricole, libre de l'avenir, pré-
servée des suites fâcheuses de l'expropriation, ne se
consumera plus en efforts impuissants et pourra se livrer
à tous les élans de son essor.

Ainsi création du crédit, anéantissement de la dette
hypothécaire qui écrase la France et qui pourrait en
s'augmentant tous les jours, la conduire à une crise
sociale : telle était la noble tâche qu'avait à remplir le
législateur en créant le crédit foncier. Recherchons quels
sont les moyens dont il s'est servi pour l'introduire dans
nos lois. Mais avant cela, demandons-nous quelle a été
son origine et comment il a été introduit en France.

§ 2. — *Comment a-t-il été introduit en France.*

C'est à l'Allemagne que l'on doit la création des banques
territoriales. Les calamités de la guerre de sept ans
avaient appauvri le pays, le propriétaire obéré ne trouvait
plus de capitaux, la terre n'avait plus de crédit. Un
négociant obscur de Berlin, nommé Buhring, se chargea
de faire renaître la prospérité de son pays. Ce fut
d'après un système qu'il présenta à Frédéric-le-Grand,
que s'organisa, en Silésie, la première association de

crédit foncier. D'après le plan de cette association, l'a-
mortissement des obligations devait s'opérer au moyen
de la différence de 1 0/0 entre l'intérêt servi par l'association aux porteurs de *pfanbrief* (lettres de gage), sur le
pied de 4 0/0 par an et celui de 5 0/0 payé à l'association par les propriétaires des domaines engagés.

A peine l'institution territoriale est-elle établie en Silésie qu'un nombre considérable de sociétés analogues se
succèdent rapidement dans les états d'Allemagne. C'est
ainsi que la Prusse, le Danemark, le Holstein, le duché
de Posen, la Bavière, la Wesphalie, la Belgique voient
successivement s'établir des banques de crédit. Cependant
ce n'a été qu'en 1852, que la France a été appelée à
jouir des faveurs d'une institution qui produisait déjà
en Allemagne les résultats les plus avantageux depuis le
milieu du XVIIIe siècle.

D'après le décret de 1852, qui créait le crédit foncier,
les sociétés de crédit étaient de véritables associations
anonymes jouissant de certains priviléges, mais sou-
mises aux règles ordinaires qui régissent ces compa-
gnies. Elles pouvaient être formées comme cela se
rencontre en Allemagne, de sociétés d'emprunteurs
ou de sociétés de prêteurs, c'est-à-dire de capitalistes
ou de propriétaires, et elles étaient restreintes à des
circonscriptions territoriales déterminées par le décret
qui les autorisait. Le décret du 26 juin 1854 a modifié entièrement cet état de choses en donnant au
crédit foncier l'organisation que l'Empereur Napoléon Ier
donna à la Banque de France, et en sanctionnant de nouveau le principe bienfaisant de la centralisation, principe
appliqué déjà aux banques territoriales par le décret du
10 décembre 1852, qui conférait à la société de Paris le

titre de société de Crédit Foncier, et qui l'autorisait à s'incorporer les sociétés de Crédit Foncier établies ou à établir dans les départements ; les sociétés de Nevers et de Marseille se trouvant exceptées de cette nouvelle organisation. Il résulte des dispositions de ce décret que l'association de Crédit Foncier se compose d'une réunion de capitalistes placés sous la surveillance active et en quelque sorte sous la haute direction de l'Etat, puisqu'elle est régie par un gouverneur et des sous-gouverneurs nommés par le chef de l'Etat lui-même. Cette réunion de capitalistes, qui s'unissent dans une garantie commune, ouvre un bureau qui sert pour ainsi dire d'étude de notaire au prêteur et à l'emprunteur. De cette façon, le capitaliste n'a pas besoin d'aller à la recherche de l'emprunt et le propriétaire ne court plus après le capital. Tous les deux se rendent à la direction qui devient créancière directe de l'emprunteur, et débitrice du prêteur, en empruntant au premier sur les garanties de l'association et en prêtant au second sur les garanties immobilières qu'il apporte.

On voit d'après cela que la condition vitale de l'institution repose sur l'acceptation des titres par les capitalistes ; car sans eux elle cesserait d'exister après l'épuisement de son propre capital. Or, quelles sont les raisons qui peuvent déterminer les capitalistes à lui prêter à des conditions différentes de celles qu'ils exigent ordinairement des emprunteurs, c'est-à-dire, à accepter des valeurs n'ayant pas d'époque fixe d'exigibilité? C'est que la société lui offre des garanties et des avantages qu'ils ne rencontrent pas dans les prêts faits par de simples particuliers. En effet, l'association, après avoir substitué à l'engagement individuel de l'emprunteur son propre engagement qui a toute la puissance d'un crédit collectif, prend à sa charge les embarras, les difficultés, les risques, soit de la vérification des titres, soit de l'estimation de la propriété, soit des poursuites en cas de non paiement. Le prêteur ne voit plus les involutions de la procédure menacer le gage et reculer le moment de la libération. Enfin, et c'est pour lui le plus grand avantage, le contrat hypothécaire est transformé en un titre circulant réalisable à volonté, négociable exactement comme les inscriptions de rentes sur l'Etat.

Connaissant de quelle manière le crédit foncier a été introduit en France, nous devons rechercher quels sont les moyens d'existence que les décrets de 1852 et de 1853 lui ont accordés. C'est ce qui fera l'objet des titres suivants.

TITRE II.

PRÊTS FAITS PAR LES SOCIÉTÉS DE CRÉDIT FONCIER,

Le titre II du décret de 1852 traite des prêts; parmi ses dispositions les unes sont relatives à la réalisation des prêts, les autres concernent la libération de l'emprunteur. Ces matières feront l'objet de deux chapitres distincts.

CHAPITRE Ier.

De la réalisation des prêts.

La loi assujettit les prêts faits par la société de crédit à certaines règles qui sont considérées comme d'ordre public.

1o *La société ne peut prêter que sur première hypo-thèque.*

2o *Elle ne peut effectuer aucun prêt qui excède la moitié de la valeur de la propriété.*

3o *Enfin elle doit opérer la purge qui , forcée par le décret de 1852 , a été rendue facultative par le décret du 10 juin 1853.*

Première règle: — *La société ne peut prêter que sur première hypothèque.* — Sont considérés comme faits sur première hypothèque , les prêts au moyen desquels tous les créanciers antérieurs doivent être remboursés en capital et intérêts. Dans ce cas , la société conserve entre ses mains la valeur suffisante pour opérer ce rembour-sement (art. 6.)

L'interdiction de prêter autrement que sur première hypothèque est considérée avec raison comme le prin-cipe fondamental de toute banque territoriale. C'était le seul moyen d'inspirer au public une confiance entière dans la solidité des placements sur lettres de gage.

Mais exiger que le prêt ne pût être effectué que sur un bien libre , c'était arrêter le but que se proposait le législateur , l'anéantissement de la dette hypothécaire. Aussi a-t-il porté une restriction formelle à ce principe dans le second alinéa de l'article 6, qui dispose que les prêts au moyen desquels tous les créanciers antérieurs doivent être remboursés en capital et intérêts, sont con-sidérés comme faits sur première hypothèque.

Mais que doit-on entendre par ces mots créanciers an-térieurs ? Faut-il dire que la société ne pourra jamais se trouver en concours avec des créanciers antérieurs en date à sa creance? Telle n'a point été la pensée de la loi , elle a voulu dire seulement que la société ne doit

jamais être préférée par un créancier hypothécaire et
que le prêt ne peut s'effectuer qu'à la condition qu'elle
aura le premier rang d'inscription. Aussi, l'antériorité
dont parle l'art. 6, ne s'applique pas à la date de la
créance, mais au rang d'inscription qu'elle obtiendra
en se fesant subroger dans les droits, priviléges et hypothèques des créanciers désintéressés intégralement, et
il est prudent d'exiger que le créancier soit entièrement
satisfait, de peur que, aux termes de l'art. 1252 Cod.
Nap., il ne prétende au droit d'antériorité.

Mais lorsque la société se sera fait subroger aux droits
des créanciers hypothécaires, quelle sera sa position à
l'égard des créanciers ultérieurs? Ceux-ci seront-ils tenus
de souffrir tous les priviléges conférés par le décret et
les statuts aux créances de la société de crédit? Adopter
une telle doctrine serait blesser, nous dit-on, des droits
acquis auxquels le législateur ne peut lui-même porter
atteinte (art. 2 Cod. Nap.). Recherchons si réellement
nous blesserions les droits acquis des créanciers hypothécaires en accordant à la société la faculté d'exercer à
leur égard les priviléges que la loi lui accorde. Cette
question ne peut être l'objet d'un doute qu'à l'égard des
créanciers inscrits antérieurement au décret de 1852;
car, l'art. 6 du décret du 10 juin 1853, a tranché la
difficulté à l'égard des créanciers postérieurs à l'institution du crédit foncier.

Le privilége accordé à la société de crédit consiste
dans la faculté qu'elle a d'arriver à la réalisation de ses
actes au moyen d'une procédure spéciale et moins com-
pliquée? Dès lors pourrait-on dire que ce serait blesser
les droits acquis des créanciers ultérieurs que de permettre à la société de crédit d'exercer une procédure

nouvelle ? Non assurément ; le créancier ne saurait invoquer un droit acquis, car, en contractant, il ne s'est
nullement préoccupé des formalités de procédure ou
d'exécution qu'il serait obligé de suivre pour arriver au
paiement de sa créance. Ce n'est pas le tromper dans
son attente que de le soumettre au mode de procéder,
que la loi nouvelle a cru devoir introduire dans l'intérêt
public (arrêt de Cass., 25 nov. 1809 ; Cham. c. Tour-
ton et Revel.)

Depuis le décret du 28 février, la règle qui est imposée aux sociétés par l'art. 6, de ne prêter que sur
première hypothèque, a reçu des exceptions.

L'art. 3 de la loi du 10 juin 1853 dispose que : « Si
l'immeuble est grevé d'inscriptions pour hypothèques
consenties à raison de garantie d'évictions ou de rentes
viagères, la société de Crédit Foncier peut néanmoins
prêter, pourvu que le montant du prêt, réuni aux
capitaux inscrits, n'excède pas la moitié de la valeur de
l'immeuble, conformément à l'art. 7 du décret du 28
février 1852. » Cette disposition a été introduite,
comme le disait M. Allart., rapporteur, parce qu'il
arrive souvent que les immeubles offerts en garantie
sont grevés d'inscriptions hypothécaires à raison de
garantie d'éviction ou de rentes viagères pour des sommes peu considérables, eu égard à la valeur des propriétés à hypothéquer, et que refuser aux sociétés de
Crédit Foncier la faculté de fournir des capitaux sur ces
propriétés, c'était paralyser outre mesure la marche de
leurs opérations.

Seconde règle. — *Le prêt ne peut, en aucun cas,
excéder la moitié de la valeur de la propriété, le maximum
du prêt sera fixé par les statuts* (art. 7.) — Cette règle,

basée sur l'intérêt public , avait pour but d'arrêter chez les propriétaires le goût d'emprunts qui seraient devenus trop considérables par suite des facilités et des avantages offerts par la société de crédit. Il importait aussi que le paiement de l'annuité n'absorbât point la totalité des fruits de l'immeuble , pour que la société pût être désintéressée par la seule perception des produits de cet immeuble.

Mais par quels moyens la société de crédit foncier pourra-t-elle obtenir le premier rang hypothécaire , sans concurrence , à l'égard des créanciers ayant déjà un privilége ou une hypothèque au moment du prêt? Trois voies lui sont offertes : 1o la subrogation ou cession du droit hypothécaire prévu par l'art. 6 du décret ; 2o la purge préalable ; 3o la main-levée.

Nous nous occuperons ici seulement de la main-levée, ayant déjà parlé de la subrogation et la purge formant un chapitre séparé, qui attirera plus loin notre attention.

Nous n'aurons rien à dire des main-levées qui seraient obtenues des personnes maîtresses de leurs droits. Elles seront données conformément aux règles du droit commun; mais nous devrons porter spécialement notre examen sur les mains-levées obtenues des incapables.

La main-levée d'une hypothèque est l'acte qui détruit ou restreint l'effet du droit hypothécaire ; elle constitue une véritable aliénation , et , à ce titre, elle ne peut porter que sur un droit aliénable et ne peut être consentie que par des personnes capables d'aliéner ce droit. C'est ce principe qui est sanctionné par l'art. 9 du décret, lorsqu'il déclare que la femme mariée sous le régime dotal ne pourra jamais accorder main-levée de l'hypothèque légale qui garantit sa dot, et lorsqu'il soumet à certaines formalités préalables l'aliénation des droits hypothécaires qui sauvegardent le patrimoine des mineurs et des interdits.

L'art. 9, apportant des dérogations importantes aux principes du Code Napoléon, mérite un examen tout particulier. Nous l'étudierons en recherchant comment s'obtient 1º la main-levée de l'hypothèque qui garantit les reprises non dotales de la femme mariée, 2º et celle qui garantit les droits du mineur et de l'interdit.

En droit commun, la femme, même non mariée sous le régime dotal, ne peut jamais accorder la main-levée de son hypothèque légale dans l'intérêt exclusif de son mari ; elle ne le peut qu'au profit d'un tiers envers lequel elle est obligée. Telle est la disposition de l'art. 1431 du Code Napoléon. Si le mari réclamait dans son intérêt exclusif la restriction de l'hypothèque de sa femme, il serait obligé de se soumettre aux prescriptions énumérées dans les art. 2144 et 2145 du Cod. Nap.; et le concours des cinq conditions suivantes serait exigé. Il faudrait : 1º que l'hypothèque n'eût pas été restreinte dans le contrat de mariage ; 2º que la femme consentît à la main-levée ; 3º que la valeur des immeubles du mari excédât notoirement la fortune actuelle et future de la femme ; 4º que les quatre plus proches parents de la femme aient été consultés ; 5º enfin, qu'un jugement du tribunal civil rendu contradictoirement avec le procureur impérial, ait jugé l'opportunité de la main-levée.

Telles sont les formalités que doit remplir, d'après le droit commun, le mari ou le créancier de ce dernier qui voudrait obtenir la main-levée de l'hypothèque légale de la femme. L'art. 9 du décret simplifie d'une manière remarquable cette procédure coûteuse, et qui arrête souvent le crédit du chef de famille. Il n'exige que le consentement libre et éclairé de la femme ; et par là, loin de porter atteinte à la garantie que semble lui accorder l'art. 2144 et qui n'est qu'apparente, il la préserve d'un danger sérieux. En effet, dans la pratique, pour éviter toutes les formalités gênantes de l'art. 2144, le créancier, qui veut préserver sa créance du droit d'antériorité de l'hypothèque légale de la femme, a recours à l'opération suivante : L'art. 1431 accorde à la femme le droit de s'engager solidairement avec son mari, même dans l'intérêt exclusif de ce dernier ; aussi, en vertu de ce principe, le créancier fait intervenir la femme dans le contrat. Obligée solidaire de son mari, elle répond de sa solvabilité, ce qui l'empêche d'opposer son hypothèque au créancier ; car celui qui garantit la solvabilité d'un débiteur ne peut pas, par son fait, faire naître ou augmenter cette insolvabilité. Par ce moyen, le créancier obtient une main-levée indirecte de l'hypothèque légale. Mais là n'est pas le seul résultat qu'entraîne cette opération funeste. La femme, en s'obligeant solidairement, n'accorde pas simplement la main-levée de sa garantie hypothécaire ; elle affecte ses propres biens à la réalisation de son obligation. Ce sont ces abus fâcheux, produits d'ordinaire dans la pratique, qui ont été détruits par la sage réforme de l'art. 9. Par cette loi, la femme, il est vrai, sacrifie, dans un but peut-être louable ou avantageux, son hypothèque légale, mais elle ne s'oblige plus sur ses biens personnels.

Lorsqu'il s'agit de la main-levée de l'hypothèque légale du mineur ou de l'interdit, le droit commun exige les formalités suivantes. Il faut, 1º que l'hypothèque n'ait pas été restreinte par l'acte de nomination du tuteur ;

2o Il faut que l'hypothèque générale sur les immeubles du tuteur excède notoirement les sûretés suffisantes pour sa gestion; 3o que la demande soit formée contre le subrogé-tuteur; 4o qu'elle soit précédée de l'avis du conseil de famille; 5o enfin, qu'un jugement rendu contradictoirement avec le procureur impérial, juge l'opportunité de la main-levée. (Art. 2143 du Cod. Nap.)

Le décret abroge en faveur des sociétés de crédit foncier les dispositions de l'art. 2143 du Cod. Nap., et il reconnaît la validité de la main-levée de l'hypothèque légale du mineur donnée par le subrogé-tuteur en vertu d'une délibération du conseil de famille.

Il nous faut remarquer que l'art. 9 exige une autorisation du conseil de famille et non un simple avis auquel le subrogé-tuteur ne serait pas tenu de se conformer. Néanmoins, il nous faut reconnaître qu'en cas de refus de la main-levée par le conseil de famille, le tuteur pourra toujours recourir à la loi commune, et se pourvoir, afin de l'obtenir judiciairement, en conformité des art. 2144 et 2145 du Cod. Nap.

Le décret a pensé que la garantie donnée au mineur par l'art. 9 était suffisante; car, en effet, c'est sous la sauvegarde de la famille que sont placés les intérêts du mineur et de l'interdit; et il est difficile de croire que le conseil, présidé par le juge de paix, composé de parents et d'amis, sacrifiera légèrement les sûretés qu'il croirait indispensables à l'incapable.

Tout ce qui vient d'être dit de la main-levée d'inscriptions d'hypothèque légale s'appliquerait, à plus forte raison, à un consentement à antériorité, dans le cas où l'hypothèque légale ne serait pas inscrite. Bien que l'art. 9 n'en parle pas, il est manifeste que ce cas est implicitement compris dans sa disposition.

Troisième règle. — *La société doit opérer la purge.* — Nous examinerons plus loin les effets de cette procédure; nous dirons seulement que la purge, qui était forcée par le décret de 1852, a été rendue facultative par le décret du 10 juin 1853.

Lorsque, par l'accomplissement de ces formalités, la la société est sûre d'occuper le premier rang hypothécaire, elle peut effectuer le prêt. Pour cela, un acte conditionnel est passé qui oblige la Compagnie à verser la somme convenue dans les mains de l'emprunteur, si elle reconnaît les garanties offertes suffisantes pour assurer sa créance. Après la rédaction de l'acte, il est pris inscription hypothécaire qui garantit l'hypothèque du jour où elle est prise, quoique les valeurs soient remises postérieurement. (Art. 4 du décret du 10 juin 1853.) C'était là le seul moyen d'assurer l'antériorité d'inscription à la société, comme nous le verrons, lorsque nous étudierons les règles relatives à la purge.

Enfin, l'acte définitif vient réaliser le prêt d'une manière définitive et former irrévocablement le lien obligatoire entre la société et le propriétaire emprunteur.

Connaissant la manière dont se forme le prêt hypothécaire de la société de crédit, il nous faut rechercher les moyens de libération offerts par la loi à l'emprunteur.

CHAPITRE II.

De la libération de l'Emprunteur.

L'emprunteur se libère au moyen de l'amortissement; c'est là un des bienfaits les plus grands de la nouvelle loi. Il fallait, comme nous l'avons dit *suprà*, trouver le

moyen d'éteindre le capital emprunté par un paiement
qui fût en rapport avec la nature de production du sol.
L'amortissement par annuités était la seule extinction
d'obligation que pût supporter la propriété. C'est elle
que le décret de 1852 a consacrée.

L'emprunteur acquitte sa dette par annuités ; telles
sont les expressions de l'art. 10. L'annuité est la redevance payée chaque année ou chaque six mois par
l'emprunteur à la société. En versant le montant de cette
redevance pendant un certain nombre d'années, il éteint
sa dette. De cette manière, il arrive insensiblement et
sans une gêne trop considérable, à l'anéantissement de
son obligation. Ainsi, une dette exigible en bloc et à
terme rapproché, se trouve transformée en une dette
consolidée, qui n'entraîne d'autre obligation de remboursement que le service régulier d'une augmentation
d'intérêt très-modéré. La libération de la propriété devient ainsi facile et possible, et le débiteur ne se voit
plus dans cette fâcheuse alternative, ou de renouveler
son obligation à des conditions d'ordinaire fâcheuses, ou
d'être frappé d'expropriation.

L'annuité se compose, 1o de l'intérêt stipulé ; 2o de
la somme affectée à l'amortissement ; 3o des frais d'administration. (Art. 11.)

Le taux des annuités a été l'objet de plusieurs modifications importantes. Le décret du 28 fév. 1852 ne fixait
pas de maximum ; il laissait la société libre de monter
le taux de l'intérêt jusqu'au taux commun, c'est-à-dire,
5 0/0. La somme affectée à l'amortissement pouvait être
fixée entre 5 0/0 et 8 0/0 ; enfin, les frais d'administration et les taxes étaient déterminés par les statuts de la
société et payés en sus de l'intérêt et de la somme d'a-

mortissement. (Art. 11.) Cet article 11 fut modifié par
le décret du 21 déc. 1853, qui, voulant mettre le taux
de l'annuité en harmonie avec le produit de la terre,
abaissa le taux de l'intérêt, et l'annuité ne put être
portée au-delà de 5 0/0, qui comprenait : l'intérêt,
l'amortissement et les frais d'administration, et qui
devait éteindre la dette en cinquante ans.

L'expérience n'a pas tardé à faire reconnaître que
l'exécution d'un tel décret était difficile sinon impossible,
et qu'il arrêtait les opérations de l'association de crédit.
Pour prêter à 5 0/0, amortissement compris, il fallait
que la société pût elle-même placer ses obligations à un
taux correspondant. Le décret du 21 décembre 1853
substitua au maximum de 5 0/0 celui de 5,95 0/0. Cette
nouvelle limite présenta les mêmes inconvénients, et
le décret du 26 juin 1854 dut intervenir pour rendre à
l'association de crédit la liberté dont elle avait besoin et
qui lui avait été assurée par le décret de 1852.

Au moyen de cette annuité, au bout de cinquante
années et en fixant à 1 p. 0/0 la somme affectée à
l'amortissement, il arrivera que l'emprunteur sera libéré d'une dette de 100 fr. en payant 60 fr. et que la
société, par le jeu de ses opérations, par la capitalisa-
tion de l'intérêt, aura néanmoins pu, avec ces 60 fr., re-
composer dans le même temps le capital de 100 fr. qu'elle
avait originairement prêté.

Le paiement par annuités n'est qu'une faculté pour
l'emprunteur et non une obligation. Il conserve toujours
le droit de se libérer par anticipation, soit en totalité,
soit en partie. Ce remboursement anticipé peut se faire
en numéraire ou en titres de gage.

Si le remboursement s'effectue en numéraire, il convient qu'il ne puisse être d'une somme trop minime, pour ne pas embarraser le jeu de la comptabilité, la somme ne peut être inférieure au vingtième du capital.

Si le remboursement s'opère en lettres de gage, il s'effectuera « en obligation foncière, au pair de même nature et de même année d'émission que les titres créés en représentation de l'emprunt, » (Convention du 18 août 1852, art. 7), on a voulu que la société ne supportât aucune perte de l'avantage offert à l'emprunteur.

TITRE III.

DES OBLIGATIONS ÉMISES PAR LES SOCIÉTÉS DE CRÉDIT FONCIER.

CHAPITRE Ier.

Lettres de Gage.

Le privilége caractéristique de la société de crédit foncier, c'est le droit qu'elle a d'émettre des obligations ou lettres de gage.

La lettre de gage est le titre que la société remet au capitaliste qui fournit des fonds destinés aux prêts hypothécaires. Elle contient l'engagement de payer d'après les modes particuliers à l'association, la somme prêtée, capital et intérêts, sous la garantie spéciale de l'immeuble hypothécaire et sous la garantie générale de la fortune sociale.

La lettre de gage a pour objet de détacher de la créance le gage hypothécaire dont elle fait une valeur distincte et mobile, que la société peut livrer à la circulation. Par la négociation de cette valeur, les établissements fonciers trouvent l'argent qui leur est nécessaire pour faire de nouveaux prêts.

Telle est la fonction de la lettre de gage ; elle est le papier-monnaie de la société de crédit ; elle est pour elle ce que le billet de banque est pour la Banque de France. Comme lui, les lettres de gage ou lettres de crédit portent avec elles leur propre garantie, leur valeur n'a besoin d'aucune justification particulière et elles circulent avec la même facilité, car elles possèdent une authenticité de valeur aussi forte, sinon plus forte que celle des billets de banque.

La valeur de la lettre de gage ne peut être inférieure à 100 fr. (art. 15.) Elle est soumise à un visa donné par le gouverneur (Décret du 26 juin 1854, art 1er), et elle doit être enregistrée en même temps que l'acte de prêt. Cet enregistrement a lieu au droit fixe de 10 cent. (art. 14.)

La société ne peut émettre des lettres de gage au-delà de la valeur des prêts. Cette disposition donne une grande sécurité au prêteur. En effet, d'après l'art. 7, le prêt ne peut jamais excéder la moitié de la valeur de la propriété, et d'après l'art. 6, nul prêt ne peut être réalisé que sur première hypothèque. Il en résulte que toute lettre de gage a pour garantie une valeur double de celle qu'elle représente.

Les lettres de gage sont, d'après l'art. 13, nominatives ou au porteur. Le titre au porteur est celui dont la simple tradition opère la transmission de propriété. Le titre nominatif est celui dont la transmission ne s'opère pas par la simple tradition, il faut qu'un acte de cession intervienne qui révèle la mutation de propriété. Cette cession s'opère par voie d'endossement,

comme pour la transmission des effets de commerce.
Mais l'endossement du titre de crédit foncier ne produit pas les mêmes effets que l'endossement des lettres
de change. L'art. 13 contient que l'endosseur d'une lettre
de gage n'est soumis à d'autres garanties que celles qui
résultent de l'art. 1693 du Code Nap. Aussi, au lieu
d'appliquer à l'endossement du titre de gage les principes du Droit Commercial établis dans les art. 140 et
187 du Cod. de Comm., il est régi par les disposites
du Droit civil. De là de grandes différences.

Dans la loi commerciale, l'endosseur est soumis à la
garantie de la solvabilité du tiré. (Art. 164). Il est garant
non-seulement de l'existence du titre de commerce, mais
encore de la solvabilité du tiré. D'où il suit que le porteur peut, après protêt, exercer contre lui son action
en paiement. De plus, l'endossement commercial établit
un lien solidaire entre tous les signataires de la lettre de
change, et il résulte entre autres conséquences de cette
solidarité, que le porteur de ce titre peut exercer son
recours collectivement contre tous les endosseurs, ou
individuellement contre chacun d'eux. (Art. 164.)

L'endossement de la lettre de gage, qui constitue une
cession d'une obligation civile, n'est pas soumis aux
mêmes règles. L'endosseur du titre de crédit n'est garant
que de l'existence des titres de crédit ; là s'arrête son
obligation ; il ne répond pas de l'insolvabilité actuelle ou
future du débiteur cédé ; il vend sa créance telle qu'elle
est, et le cessionnaire l'achète à ses risques et périls.
De plus, entre les endosseurs d'une lettre de gage il n'y
a point de lien solidaire comme entre les signataires d'un
effet de commerce. Le porteur du faux titre de gage ne
peut exercer son recours, ou individuellement contre

chacun des endosseurs ; à son choix ; ou collectivement contre tous les endosseurs ; il est obligé de s'adresser
d'abord à celui qui lui a cédé le titre dont la validité est
contestée. Ce n'est que dans le cas d'insolvabilité de ce
dernier qu'en vertu de l'art. 1666 du Cod. Nap., il
pourrait poursuivre l'endosseur primitif ; mais il ne
pourrait jamais l'actionner directement en vertu de
l'endossement.

On comprend aisément que le législateur de 1852 n'ait
pas appliqué à l'endossement de la lettre de gage les
principes adoptés dans la loi commerciale. En effet, il
ne fallait pas oublier que les transactions des titres hypothécaires sont essentiellement attachées au droit civil,
et ne participent en rien des coutumes commerciales.
Ceux qui signent la lettre de change , qui l'acceptent ,
qui l'endossent sont mêlés aux mêmes affaires, sont tous
placés dans les mêmes conditions ; ils connaissent leur
solvabilité , et les billets de commerce étant à courte
échéance, ils peuvent calculer raisonnablement les chances
de solidité que chacun des endosseurs présente et con-
tinuera de présenter jusqu'au terme fixé pour l'échéance
du billet. Si l'on joint à cela la prescription de cinq ans
pour les effets de commerce, on verra que la solidarité
est un des éléments essentiels à l'endossement commercial. Si nous nous reportons au mécanisme des obligations
civiles et surtout des obligations des emprunts hypothécaires, nous trouvons que les propriétaires fonciers em-
pruntent pour les besoins ordinaires de la propriété.
Réparer, construire, améliorer la culture par des travaux de desséchement ; telles sont leurs opérations les
plus fréquentes. La terre qui reçoit les capitaux ne peut
les reproduire qu'au bout d'un long terme ; dès-lors

l'emprunt hypothécaire doit être au plus long terme possible. Il suit de là que si l'endosseur établissait un lien de solidarité entre tous les signataires de la lettre de gage, on ne répondrait nullement aux besoins du crédit foncier; car on ne pourrait trouver des endosseurs qui voudraient, en cas de non paiement, répondre de l'exécution du contrat hypothécaire, fixé d'ordinaire à une échéance éloignée et créé pour une somme d'ordinaire assez importante.

Les lettres de gage portent intérêt (art. 15), dont le taux est déterminé par la société elle-même.

Le paiement exact des intérêts étant la condition essentielle du succès de la société de crédit, devait être assuré par des garanties toutes particulières; aussi, aux termes du décret (art. 49, n° 8), les sociétés de crédit foncier doivent posséder un fonds de réserve; le même article (n° 6) leur prescrit l'obligation d'établir un intervalle entre le paiement des annuités par les emprunteurs et le paiement des intérêts du capital par la société. La loi, enfin, lui a accordé des moyens d'action aussi rapides qu'efficaces contre le débiteur retardataire.

Nous avons vu comment se formait la lettre de gage, il nous faut rechercher quel est son mode d'extinction.

L'art. 16, § 2, est ainsi conçu : « Dans le courant de chaque année', il est procédé au remboursement des obligations foncières, au prorata de la rentrée des sommes affectées à l'amortissement. » On a pensé avec juste raison que si on laissait à chaque créancier la faculté de demander le remboursement de sa créance lorsqu'il le voudrait, on exposerait la société, dans les moments de crise, à une banqueroute inévitable. Aussi le remboursement ne s'opère qu'au prorata de la rentrée des sommes affectées à l'amortissement, au moyen d'un tirage au sort annuel et par séries.

CHAPITRE II.

Droits des porteurs des Lettres de Gage.

En émettant la lettre de gage, la société de crédit s'engage à en servir régulièrement les intérêts, et à rembourser le capital, conformément aux règles prescrites par la loi et les statuts. Si la société ne satisfait pas à ces obligations, elle peut être poursuivie, et on lui applique le droit commun, sauf deux restrictions énoncées dans les art. 17 et 27.

D'après le droit commun, il est permis au créancier : 1o d'actionner le débiteur de son débiteur, en vertu de l'art. 1666, ou de former saisie-arrêt entre ses mains des sommes qu'il doit à son débiteur. Les créanciers de la société n'ont plus ces mêmes droits. En effet, l'article 17 déclare que les porteurs de la lettre de gage n'ont d'autre action pour le recouvrement des capitaux et intérêts exigibles que celles qu'ils peuvent exercer directement contre la société, et l'art. 27 porte que le paiement des annuités ne peut être arrêté par aucune opposition.

Ces dérogations au droit commun devaient nécessairement exister dans une loi qui organisait le crédit territorial. On ne pouvait permettre au créancier d'arrêter, au moyen d'oppositions, la seule ressource à l'aide de laquelle la société pût faire face à ses obligations. Accorder aux créanciers les bénéfices de l'art.

1166 Cod. Nap., et 557 Cod. de Proc. civ., c'était exposer les établissements de crédit à des liquidations incessantes et par cela même tuer le crédit qu'on cherchait à créer.

Mais si on enlève au porteur de la lettre de gage les droits favorables assurés au créancier ordinaire par l'article 1666 Cod. Nap., la loi leur accorde un privilége en édictant dans l'art. 8 que « aucune opposition n'est admise au paiement du capital et des intérêts, si ce n'est en cas de perte de la lettre de gage. »

Il résulte de là que, dans le cas où la société aurait reçu opposition au paiement des intérêts, elle n'est pas tenue de l'écouter et que le paiement fait entre les mains du porteur de la lettre de gage est valable, contrairement à la règle admise en droit commun (art. 1242 C. N.). Cette disposition est fort sage, car elle sert de principe vital à la circulation des lettres de gage. En effet, quelle est la personne qui aurait voulu accepter une obligation, si elle n'avait pas été sûre d'en toucher les intérêts d'une manière certaine? Toutefois, l'art. 18, § 2, admet une exception à cette règle, et en cela, il ne fait que reproduire les dispositions de l'art. 2277 Cod. Nap. et de l'art. 149 Cod. de Comm. ; car on ne pouvait laisser le légitime propriétaire privé de toute espèce de moyens pour revendiquer sa propriété.

TITRE IV.

PRIVILÈGE ACCORDÉ AUX SOCIÉTÉS DE CRÉDIT FONCIER POUR LA
SURETÉ DU PRÊT.

CHAPITRE Ier.

De la purge préalable. — Sa nature.

Crédit, c'est confiance. De même qu'on n'a confiance
à une personne que lorsque l'on connaît sa moralité, sa
solvabilité ; de même on ne peut avoir confiance au sol
que lorsque l'on connaîtra le lien qui l'unit au propriétaire, que lorsque l'on saura jusqu'à quel point il peut
servir de gage sûr et certain à la créance qu'il est chargé
de garantir.

Dans l'état actuel de la législation, le prêteur se trouve
dans l'impossibilité la plus manifeste de s'assurer de la
force du gage ; il ne peut accorder à la propriété une
confiance absolue, il ne prête qu'avec la crainte d'exposer son capital : à tous moments, en effet, une foule
de droits réels demeurant dans l'ombre et qu'il lui a été
impossible de connaître, menacent de lui enlever le bénéfice de l'hypothèque qu'il a exigé pour sûreté de sa
créance. Toutes ces craintes ne sont pas imaginaires, et
il faut reconnaître que dans beaucoup de cas, les vices
de notre législation hypothécaire ont été pour les personnes les plus prudentes la source des plus cruelles
déceptions.

Devant ces périls, que devait faire le législateur pour

donner aux sociétés de crédit les sûretés essentielles à
leur succès ? Il pouvait accepter la réforme hypothécaire
réclamée depuis si longtemps et reconnaître la publicité
des hypothèques occultes, ou bien il fallait qu'il trouvât
le moyen de rendre publiques pour la société de crédit
seulement, les hypothèques qui grèvent l'immeuble qui
doit assurer le prêt. Le second parti a prévalu, le législateur n'a pas osé adopter la réforme hypothécaire qui
présentait de grandes difficultés dans l'exécution, et qui
pouvait se faire longtemps attendre ; aussi a-t-il eu recours à une institution déjà créée, qu'il n'a fait qu'étendre aux prêts effectués par les sociétés de crédit ; je veux
parler de la purge.

Dans le droit commun, la purge a un double objet ;
elle est accordée au tiers détenteur pour affranchir l'immeuble des hypothèques et priviléges qui peuvent l'affecter, et en second lieu, elle est offerte pour faire apparaître
par une mise en demeure toutes les hypothèques occultes
qui grèvent l'immeuble acquis. C'est la purge considérée
sous ce point de vue, qui n'est accordée en droit commun
que dans le cas d'aliénation qui a été étendu par le décret
du 28 février 1852 au contrat de prêt consenti par la
société de crédit.

La purge préalable a soulevé contre elle les mêmes
oppositions qu'a fait éclater la réforme hypothécaire. Elle
porte, a-t-on dit, une atteinte flagrante aux droits des
femmes et des mineurs, elle anéantit la garantie nécessaire que leur assuraient les hypothèques légales dispen-
sées d'inscriptions, et sacrifie aux intérêts de quelques
emprunteurs obérés les droits les plus sacrés et les plus
dignes de la sollicitude du législateur. Mais si de telles
raisons sont jusqu'à un certain point fondées sur la justice,

il ne faut pas oublier qu'il est des nécessités non moins chè-
res à l'humanité et non moins dignes d'être satisfaites
que la sauvegarde que la loi doit aux incapables; sauvegarde qui est devenue en grande partie illusoire dans l'état
actuel des choses. La France, en effet, ne se trouve plus
dans la position où elle se trouvait au moment où on a créé
le Code Napoléon. Alors, en 1808, la fortune était essentiellement immobilière, le capital mobilier résidant
dans les rentes sur l'Etat, les actions sur les grandes entreprises commerciales et industrielles était à peine créé ;
aussi l'hypothèque légale donnait au patrimoine de l'incapable une garantie sûre et solide, car cette hypothèque
offrait pour gage de cette garantie les immeubles du tuteur ou du mari qui constituaient sa seule fortune. De nos
jours, cet état de choses a complétement changé, la
fortune mobilière est préférée à la fortune immobilière ;
les rentes sur l'Etat, les actions des chemins de fer et
les autres entreprises industrielles se sont emparées du
capital et forment en grande partie la richesse de la plupart des particuliers. Aussi le système hypothécaire du
Code ne sauvegarde qu'imparfaitement les intérêts des
incapables, et si la loi procure encore à quelques-uns
une garantie suffisante, elle laisse la plupart sans
aide et soutien. S'il en est ainsi, et cela est à l'abri de
toute contestation, il est bien permis de dire qu'une loi
protectrice, qui ne protége pas également tous ceux qui
sont dignes d'une égale sollicitude, est une loi imparfaite
qui ne doit pas arrêter l'institution d'une loi nouvelle
qu'appellent les plus grands intérêts, lors-même que cette
dernière lui porterait atteinte. Ainsi la purge préalable
présentée par les adversaires du crédit foncier, comme
enlevant toute protection au patrimoine de l'incapable,

5

ne contrarie pas ses intérêts, comme ils veulent bien le prétendre, surtout lorsqu'on considère tous les soins que le législateur a pris pour les sauvegarder.

Dans quel cas la purge préalable a-t-elle lieu?

La purge préalable ne reçoit son application que lorsque les hypothèques légales ou les droits réels ne sont pas inscrits. Lorsque l'inscription a eu lieu, une simple main-levée suffit. L'art. 9 dit que ce ne sera donc que pour faire apparaître les droits réels qui grèveraient l'immeuble, que la société aura recours à la purge préalable, telle qu'elle a été établie par le décret du 28 février 1852, combiné avec le décret du 10 juin 1853, que nous devons examiner dans les principales modifications qu'il porte à la loi fondamentale du crédit foncier, avant d'entrer dans les détails de la purge.

Entre autres réformes apportées par cette dernière loi, nous devons mentionner 1° les dispositions de l'art. 2, qui énonce que la purge obligatoire sous le décret du 28 février 1852, est désormais facultative. 2° L'abrogation de l'art. 24 du décret du 28 février 1852, qui permettait de purger les actions résolutoires ou rescisoires et les priviléges non inscrits, au moyen de la signification d'un extrait de l'acte constitutif de l'hypothèque faite aux précédents propriétaires. Par cette signification, ils se trouvaient entièrement dépossédés de leurs droits en faveur des sociétés de crédit, s'ils ne fesaient pas inscrire dans les quarante jours. Il faut avouer que le législateur, trop préoccupé de l'avenir des sociétés de crédit, avait été trop loin dans sa réforme. Cette manière d'opérer était une innovation dangereuse qui attaquait des droits consacrés par le Code Napoléon, et d'autant plus respectables qu'ils appartenaient à des victimes de dol , de fraude , de violence (art. 503 , 887 , 1676); qui , ignorant la plupart du temps la cause de leurs actions, ne pouvaient faire des actes tendant à les conserver.

Mais si l'art. 8 a abrogé avec juste raison l'art. 24 du décret fondamental, en ce qui concerne les actions rescisoires, nous devons dire qu'il aurait dû conserver aux sociétés de crédit la faculté de faire apparaître les actions résolutoires que le créancier est libre d'exercer: le vendeur peut, en effet , opposer toujours son privilége , toutes les fois que le prix de vente n'a pas été payé. Dès-lors, on ne portait atteinte à aucun droit, en donnant aux sociétés de crédit le pouvoir de purger les actions résolutoires; on leur accordait ainsi seulement un moyen puissant d'augmenter leur crédit, et d'asseoir leurs opérations sur des bases plus solides.

Le décret du 28 février 1852 distingue la purge des hypothèques connues et celle des hypothèques inconnues, et il assigne à chacune des formalités spéciales.

CHAPITRE II.

Purge des Hypothèques légales connues.

L'immeuble offert à la société de crédit peut être frappé , soit de l'hypothèque légale de la femme , soit de l'hypothèque légale du mineur ou de l'interdit. Nous examinerons chacun de ces cas séparément.

§ 1. — Purge légale de la femme.

Le principe de la purge peut ainsi se formuler : si dans

un délai de..... après les formalités prescrites l'incapable n'a pas fait inscrire son hypothèque légale, il est frappé de forclusion, et il ne saurait alors faire valoir son droit réel sur l'immeuble au préjudice de la société de crédit foncier.

Dans la purge de l'hypothèque de la femme, la loi distingue deux cas : 1° la femme est présente au contrat de prêt. 2° La femme n'est pas présente à ce contrat. Dans le premier cas, si elle ne subroge pas la société de crédit à ses droits sur l'immeuble, ou si elle ne donne pas main-levée, les formalités suivantes devront être remplies. 1° Le notaire devant lequel sera consenti l'acte de prêt devra avertir la femme que, dans un délai de quinzaine, elle doit, à peine de forclusion, faire transcrire son hypothèque. Cet avertissement doit être mentionné sur l'acte de prêt, sous peine de nullité de la purge à l'égard de la femme (art. 21.) 2° Un extrait de l'acte constitutif d'hypothèque sera signifié et pourra être remis au domicile de la femme, tandis qu'il doit être remis, comme nous le verrons, à la personne de la femme, lorsqu'elle n'a pas été présente au contrat de prêt. Cet extrait contient, à peine de nullité, la date du contrat, les noms et prénoms, profession et domicile de l'emprunteur, la désignation de la situation de l'immeuble, ainsi que la mention du montant du prêt.

Lorsque la femme n'a pas été présente au contrat de prêt, on doit lui faire la signification de l'extrait de l'acte constitutif d'hypothèque. Cet extrait contiendra, sous peine de nullité, la date du contrat, les noms, prénoms, profession et domicile de l'emprunteur, la désignation de l'immeuble ainsi que la mention du montant du prêt, et enfin l'avertissement que, pour conserver, vis-à-vis de la société de crédit foncier, le rang de l'hypothèque légale, il est nécessaire de la faire inscrire dans les quinze jours de la signification, outre les délais de distance (art. 20.)

La signification doit être remise à la *personne de la femme*. Si cette formalité n'est pas remplie, les formalités prescrites pour la purge des hypothèques légales inconnues devront être accomplies, sous peine de nullité ; il en sera de même lorsque la femme, étant présente au contrat de prêt, n'aura pas reçu l'avertissement exigé par l'art. 21.

La notification de l'acte constitutif d'hypothèque doit être faite à la femme et au mari. On s'est demandé s'il n'y avait pas lieu de distinguer le cas où le mari n'est pas l'emprunteur du cas où c'est lui qui devient débiteur de la société de crédit. On a dit que là où la loi ne distinguait pas il ne fallait pas distinguer, et on a opposé la généralité de l'art. 19. Néanmoins, nous adoptons l'opinion contraire, qui consiste à prétendre que la signification devra être faite à la femme seule lorsque le mari sera emprunteur. En effet, le mari connaît le prêt, puisque c'est lui qui l'effectue ; il sait à quoi il s'est obligé ; pourquoi dès-lors lui faire la notification d'un acte qu'il a consenti ? D'ailleurs, nous puisons un argument dans l'analogie qui existe entre la position du mari et celle du tuteur. Lorsque le tuteur effectue l'emprunt, la signification est faite seulement au subrogé-tuteur, tandis que cette signification doit lui être notifiée lorsque ce n'est pas lui qui emprunte (art. 19.)

La femme doit, à peine de déchéance, faire inscrire son hypothèque légale dans la quinzaine de la signification, outre les *délais de distance* (art. 20.) Par ce mot distance, la loi a voulu parler non-seulement de la distance qui sépare le lieu où siège la société et d'où est lancée la signification, du lieu où la signification doit être notifiée, mais encore de la distance qui sépare le lieu où la signification est faite de celui où la transcription doit être prise. Il faut, en effet, un premier délai pour que la personne à qui l'on signifie ait le temps de recevoir la signification, et un second délai pour qu'elle puisse opérer la transcription.

Lorsque la femme n'ayant pas été présenté au contrat de prêt, la copie n'a pas été laissée à sa personne, mais bien simplement à son domicile, ou lorsque la femme étant présente au contrat de prêt, n'aura pas reçu l'avertissement prescrit par l'art. 21, comme il faut alors remplir les formalités prescrites pour la purge des hypothèques légales inconnues, l'inscription devra être prise dans les quarante jours de l'insertion dans le journal. Enfin, si la femme est décédée laissant des héritiers mineurs ou interdits, il faudra, pour purger son hypothèque légale non inscrite, remplir vis-à-vis de ses héritiers incapables les formalités prescrites pour la purge des hypothèques légales des mineurs et des interdits.

Il faut remarquer que l'art. 22 porte une grave modification au droit commun. Un avis du Conseil-d'Etat, du 9 mai et du 1er juillet 1807, qui a force de loi, veut que, lorsque la femme ou les personnes qui la représentent et le subrogé-tuteur ne sont pas connus de l'acquéreur d'un immeuble appartenant à un mari ou à un tuteur, celui-ci déclare dans la signification à faire au ministère public, que ceux du chef desquels il pourrait être pris des inscriptions pour raison d'hypothèques lé-

gales n'étant pas connus, il fera publier ladite signification, conformément à l'art. 696 du Cod. de Pro. civ.,
c'est-à-dire par extraits insérés dans les journaux. D'après
cet avis, l'acquéreur qui veut purger son immeuble des
hypothèques légales, peut se dispenser de notifier la
signification à la femme ou au subrogé-tuteur ; mais
cette faculté ne lui est accordée que tout autant qu'il
ignore leur existence ; car si, connaissant la femme ou
le subrogé-tuteur, il ne leur avait fait aucune signification ; et s'il s'était contenté de déclarer au ministère
public qu'il ne les connaissait pas, on pourrait, en rapportant la preuve du contraire, faire tomber la procédure de la purge (1). La société de crédit a, au contraire,
la faculté de purger les hypothèques légales connues en
accomplissant les formalités destinées à purger les hypothèques légales inconnues, et elle peut se dispenser
de faire la notification à la femme et au subrogé-tuteur
ou tuteur, lors même que leur existence lui serait ré-
vélée, pourvu qu'elle fasse publier la signification,
conformément à l'art. 696 du Cod. de Proc. civ.

§ 2. — *Hypothèque légale du mineur et de l'interdit.*

Lorsque l'immeuble qui doit servir de gage au prêt consenti par la société de crédit est offert par un tuteur, pour
faire apparaître l'hypothèque légale qui résulte de la tutelle
ou curatelle, elle doit remplir les formalités suivantes :
La notification de l'extrait de l'acte constitutif d'hypothèque, prescrit par l'art. 20, doit être faite : 1° au

(1) C. Cass., 14 Janv, 1817. — Mayan c. Hubert.

subrogé-tuteur. Quand ce n'est pas le tuteur qui contracte l'emprunt et que *néanmoins* l'immeuble pourrait être affecté de l'hypothèque légale du mineur , la signification sera faite au tuteur ;

2° Au mineur , lorsqu'il a été émancipé , et à son curateur ;

3° Au juge de paix.

Nous avons déjà fait remarquer l'inutilité de la signification faite au mari lorsqu'il était lui-même emprunteur ; il en est de même lorsqu'il s'agit de l'emprunt contracté par le tuteur, il n'est pas nécessaire de lui notifier l'extrait prescrit par l'art. 20 ; car il y a opposition complète entre ses intérêts et ceux du mineur. L'art. 23 consacre ce principe, en disposant que , si l'emprunteur est, au moment de l'emprunt, tuteur d'un mineur ou d'un interdit, la signification est faite au subrogé tuteur et au juge de paix (art. 23).

L'art. 19 exige que la notification soit faite au mineur lorsqu'il a été émancipé. Le décret fondamental n'avait pas prévu l'hypothèse où le mineur serait émancipé , circonstance qui se rencontre assez souvent. C'était là un oubli regrettable que le décret du 10 juin s'est hâté de réparer ; le mineur est alors capable de défendre lui-même ses propres intérêts, de sauvegarder ses droits en requérant inscription. La loi a exigé en outre la notification au curateur, parce que l'oubli de la part du mineur, ou la volonté de renoncer à son hypothèque, aurait compromis trop gravement ses intérêts.

Il faut remarquer que la notification exigée par l'article 19 devra être faite à un subrogé-tuteur ou à un curateur spécial, toutes les fois que ces personnes se trouveront en opposition d'intérêts avec le mineur , ce qui aura lieu, par exemple, lorsque le tuteur et le subrogé-tuteur se reconnaîtront emprunteurs solidaires envers la société de crédit. Le conseil de famille devra alors nommer un subrogé-tuteur *ad hoc*, car il est évident que le tuteur ou le subrogé-tuteur ne sauraient être chargés par le conseil de famille de requérir une inscription qui aurait pour résultat d'empêcher ou du moins de retarder la réalisation de ce qu'ils sollicitent. La loi ne pouvait placer ainsi un homme entre son intérêt et son devoir, surtout lorsqu'il s'agit de protéger les droits des personnes incapables.

La notification doit être faite encore et dans tous les cas au juge de paix, malgré la mauvaise rédaction de l'art. 23, qui semblerait n'appliquer cette formalité qu'au cas où le tuteur se présente comme emprunteur. La loi, par toutes ces formalités et en chargeant un grand nombre de personnes du soin de protéger les intérêts du mineur, a voulu réparer, autant qu'elle le pouvait, l'atteinte qu'elle leur portait, en exigeant que les hypothèques légales fussent inscrites dans un délai fatal, sous peine de déchéance. La notification faite au juge de paix, a pour but de l'avertir qu'il doit convoquer devant lui le conseil de famille de l'incapable.

Mais à quel juge de paix la signification doit-elle être faite ; autrement dit, quel sera le juge de paix compétent pour convoquer le conseil de famille? L'art. 23 nous dit que l'on doit notifier au juge de paix du lieu dans lequel la tutelle s'est ouverte. Cet article repousse la jurisprudence de la Cour de Cassation qui, dans un arrêt du 4 mars 1846 (1), admet la distinction suivante : Toutes les

_____

(1) J. du Palais . t. 11, 1846, p. 79, Jeanjean.

fois qu'il s'agit, soit de pourvoir d'un tuteur le mineur ou l'interdit, soit de compléter ou de modifier la tutelle, le conseil de famille doit être convoqué et présidé par le juge de paix du lieu de l'ouverture de la tutelle. Mais lorsque la tutelle fonctionnant régulièrement, et le tuteur ayant acquis un nouveau domicile, il n'y a lieu qu'à faire délibérer le conseil de famille à l'occasion d'un des actes d'administration du tuteur, le conseil de famille est valablement convoqué devant le juge de paix du domicile du tuteur. Cette distinction est repoussée par les termes précis de l'art. 23, qui reconnaît le juge de paix du lieu où s'est ouverte la tutelle, comme étant le seul compétent. Il devait en être ainsi ; car autrement la protection que la loi accorde au mineur serait devenue illusoire ; le tuteur traînant à sa suite le conseil de famille, serait resté maître de sa composition, ses délibérations lui auraient été assurées, et la position du mineur aurait entièrement été sacrifiée.

Dans la quinzaine de la notification, le juge de paix convoque le conseil de famille en présence du tuteur spécial ou du subrogé-tuteur. La loi ne soumet le juge de paix à aucune responsabilité s'il ne convoque pas le conseil de famille dans la quinzaine. Il en résulte simplement un retard dans l'accomplissement de la purge, et par suite dans la réalisation du prêt. Il n'en serait pas de même du subrogé-tuteur s'il ne prenait pas inscription dans la quinzaine qui suit la délibération du conseil de famille. S'il n'accomplissait pas l'obligation qui lui est imposée, il serait tenu d'indemniser le mineur ou l'interdit du préjudice que sa négligence aurait pu lui occasionner.

L'inscription peut être prise par les parents, amis du mineur ou par le juge de paix lui-même.

Si le conseil de famille juge qu'il est inutile de prendre inscription, la société de crédit pourra effectuer le prêt, la quinzaine écoulée, lors-même que le subrogé-tuteur aurait pris inscription sur les biens du tuteur. L'emprunteur pourrait même, en vertu d'une expédition de la délibération du conseil de famille, la faire radier, et intenter contre le subrogé-tuteur une action en dommages-intérêts.

Il nous reste à expliquer la disposition finale de l'article 19 ainsi conçu : La signification doit être faite à tous les créanciers non inscrits ayant hypothèque légale. Le décret du 28 février 1852 ne s'était pas occupé du cas où il se trouverait des créanciers ayant hypothèque légale autre que les femmes, les mineurs et les interdits. Ces personnes ne sont pas les seules auxquelles nos lois ont accordé la faveur de prendre hypothèque par la seule vertu de la loi. Ainsi, l'Etat, les communes et les établissements publics ont hypothèque sur les biens des receveurs et administrateurs comptables. (Art. 2121 du Cod. Nap.). Ainsi, l'héritier d'un ayant-droit à hypothèque légale, devient lui-même créancier de cette hypothèque ; le cessionnaire d'un droit réel jouit sans altération du droit qu'on lui a cédé (art. 2112). Le légataire possède en vertu de l'art. 1017 une hypothèque légale sur les biens de la succession. Le privilège soumis à la formalité de l'inscription qui n'a pas été inscrite, dégénère en hypothèque légale (art. 2113). Tels sont les créanciers dont a voulu parler l'art. 19 et auxquels la signification doit être notifiée.

On peut se demander à quel domicile doivent être faites les significations dont il vient d'être parlé. Il faut décider que le décret ayant gardé sur ce point le silence le plus absolu, il y a lieu de s'en référer aux règles du droit commun.

CHAPITRE III.

Purge des Hypothèques légales inconnues.

Pour purger les hypothèques légales inconnues, l'extrait de l'acte constitutif de l'hypothèque doit être notifié au procureur impérial près le tribunal de l'arrondissement du domicile de l'emprunteur, et au procureur impérial près le tribunal de l'arrondissement dans lequel l'immeuble est situé.

Cet extrait doit être inséré, avec la mention des significations faites, dans l'un des journaux désignés pour la publicité des annonces judiciaires de l'arrondissement dans lequel l'immeuble est situé.

L'inscription doit être requise dans les quarante jours de cette insertion. (Art. 24).

Cette procédure ne s'applique qu'aux hypothèques légales inconnues qui existaient au moment où a eu lieu la première notification ; elle ne saurait exercer aucune influence sur les hypothèques légales qui ont pris naissance dans le cours de la procédure. Il découlait de ce principe comme conséquence nécessaire, que la société de crédit foncier ne pouvait jamais se préserver des hypothèques légales qui auraient pris naissance dans le cours de la procédure. Le législateur l'a compris, aussi a-t-il déclaré dans l'art. 4 de la loi du 20 juin 1854 que l'hypothèque consentie par le contrat conditionnel de prêt, prend rang du jour de l'inscription, quoique les valeurs ne soient remises que postérieurement. Ainsi, au moyen de cette inscription, la société de crédit foncier sera à l'abri de tout danger et n'aura pas à craindre d'être préférée par une hypothèque qui aurait pris naissance dans le cours de la procédure de la purge des hypothèques légales inconnues.

Nous venons d'examiner comment la purge s'accomplit, voyons quels sont ses effets.

CHAPITRE IV.

Effets de la purge.

La purge est le moyen accordé aux sociétés de crédit pour s'assurer la priorité du rang hypothécaire.

Cette purge, organisée par le décret qui établit le crédit foncier, ne l'a été qu'en faveur des sociétés de crédit. Cette procédure simple, expéditive et peu coûteuse, a été réservée aux banques territoriales; dès lors toute autre personne ne saurait l'invoquer et ne pourrait se dispenser d'être soumise aux règles du droit commun, ainsi le veut la disposition finale de l'art. 25. Il suit de ce principe que les hypothèques éteintes à l'égard des sociétés de crédit, continuent d'exister vis-à-vis des tiers.

Telles sont les dispositions relatives à la purge préalable. Il est fâcheux que cette loi offre quelques lacunes et qu'elle laisse subsister certains droits occultes, tels que les actions en revendication, les servitudes et les actions résolutoires. Il faut espérer que la réforme hypothécaire perfectionnera l'organisation territoriale, en fesant disparaître de notre législation les vices qui la gênent, et en mettant le régime hypothécaire en harmonie avec les besoins de notre époque.

TITRE V.

ACTES D'EXÉCUTION DE LA SOCIÉTÉ DE CRÉDIT.

Comme nous l'avons vu plus haut, le législateur, pour établir la confiance des sociétés de crédit, devait leur donner les moyens d'assurer aux prêteurs le paiement des intérêts au jour de l'échéance. Pour cela il devait nécessairement modifier la procédure de la saisie, et faciliter en faveur de l'association les moyens d'exécution contre les débiteurs insolvables. Mais, tout en accordant à la banque territoriale une exécution sûre et rapide pour la rentrée des intérêts et l'amortissement du capital, il devait néanmoins protéger le débiteur malheureux contre les rigueurs et les conséquences funestes d'une expropriation. Le décret fondamental est arrivé à ménager les intérêts contraires en instituant le séquestre et en donnant à l'expropriation ordinaire une procédure moins gênante. Tant que l'immeuble pourra servir de garantie à la rentrée entière et exacte du capital et des intérêts de ce capital, l'expropriation ne sera pas exercée. Ainsi, séquestre et expropriation, tels sont les deux moyens offerts à la société de crédit pour arriver à l'exécution de ses actes. Nous allons développer leur mode d'exercice.

CHAPITRE PREMIER.

Séquestre.

Le séquestre est la mise en possession des immeubles qui servent de gage à la société de crédit. Il sera prononcé toutes les fois que l'expropriation ne pouvant être poursuivie, le débiteur fera éprouver un retard dans le paiement des annuités. Pour l'exercer, le débiteur sera mis en demeure de payer, et quinze jours après cette sommation, si la société n'est pas satisfaite, elle présentera requête au président du tribunal civil qui, sans aucun délai et malgré opposition, mettra la société en possession des immeubles hypothéqués aux frais et risques du débiteur en retard.

Le séquestre établi par les articles 29 et suivants du décret diffère essentiellement du séquestre ordinaire. D'abord il ne s'applique jamais à un objet mobilier, ni à une chose litigieuse; il a de plus le caractère de nantissement que n'a pas le séquestre ordinaire. Considéré sous ce dernier point de vue, il se rapproche beaucoup plus de l'antichrèse; aussi pensons-nous qu'on devra appliquer au séquestre du crédit foncier les règles énoncées par le Code en matière d'antichrèse, dans les cas où le législateur n'aura pas édicté des dispositions spéciales.

Une dérogation remarquable qui sépare les deux espèces de séquestre, c'est que l'un, le séquestre judiciaire du Code, n'est jamais qu'un acte conservatoire se rattachant à une procédure commencée ou qu'on va commencer, tandis que le séquestre établi par le décret du 28 février 1852, constitue un acte d'exécution ne se rattachant à aucune espèce de procédure.

De plus, le séquestre ordinaire n'est pas de nature à être soumis au président jugeant en référé, il doit être prononcé par le tribunal; c'est ce qui résulte de plusieurs arrêts. (Liège, 13 janvier 1809. Bruxelles, 6 septembre 1822); tandis que, aux termes de l'art. 29, la société peut, en vertu d'une simple ordonnance rendue sur requête par le président, se mettre en possession de l'immeuble.

L'effet du séquestre est de mettre la société foncière en possession de l'immeuble hypothéqué, de lui permettre de l'administrer aux frais du débiteur en retard et de percevoir le montant des revenus des récoltes, pour l'appliquer à l'acquittement des termes échus d'annuités et autres frais.

L'art. 30 confère un autre privilège à la société de crédit ; en lui permettant de se saisir des fruits et des revenus de l'immeuble, il lui donne la faveur de les employer de préférence à tous les autres créanciers, qui auraient aussi un droit réel sur l'immeuble, aucune opposition ne pouvant arrêter la perception de ces revenus à son bénéfice. Ce privilège sera seulement primé par celui qui est accordé aux frais faits pour la conservation de la chose, aux frais de labours et de semences et aux droits du trésor pour le recouvrement de l'impôt. On s'est demandé à ce sujet, si le législateur avait voulu dire qu'aucune autre créance, excepté celles mentionnées dans l'art. 30, ne pourrait être préférée au privilège accordé à la banque territoriale? Nous ne saurions le penser. L'art. 30 nous dit que ce privilège prendra rang immédiatement après ceux attachés aux frais faits pour la conservation de la chose; il déclare dès-lors indirectement que les priviléges qui, en droit commun, sont préférés à ceux qu'il énonce, primeront le privilége de la société de crédit. Quant aux difficultés qui pourront naître sur la préférence des priviléges entre eux, l'art. 30 ne résout pas la question, il faudra s'en référer aux solutions de la doctrine et de la jurisprudence.

Mais si la société est envoyée en possession de l'immeuble, si on lui accorde les priviléges les plus favorables, il est juste qu'elle soit soumise à certaines obligations naissant naturellement de la mise en possession qui lui est accordée. Quoique le décret garde un silence absolu sur ce point, il faut reconnaître qu'elle sera tenue d'administrer l'immeuble en bon père de famille (Art. 1962), qu'elle devra payer les contributions et les charges annuelles, pourvoir aux réparations utiles ou nécessaires de l'immeuble. (Art. 2086).

Le séquestre finit de plusieurs manières :

1o Par l'acquittement des annuités en retard ;

2o Par le dessaisissement de la société, qui peut contraindre l'emprunteur à reprendre la possession de l'immeuble, si l'administration est trop embarrassante pour elle ;

3o Par l'expropriation, lorsque l'immeuble ne pourra plus servir de garantie à la rentrée du capital et des intérêts échus et à échoir ;

4o Par l'abus de possession de la part de la société ; c'est là un principe de droit commun puisé dans l'article 2082 du C. Nap., qui doit trouver ici son application.

Lorsque le séquestre a cessé, la société est obligée de rendre compte de son administration. S'il y a contestation sur ce compte, le tribunal statuera comme en ma-

tière sommaire. Le jugement sera sujet à appel conformément aux règles du droit commun, car aucun texte
de loi ne s'y oppose. Vainement opposerait-on les dispositions de l'art. 32 et voudrait-on y puiser un argument par analogie. Il faut reconnaître que les deux espèces diffèrent entièrement ; l'appel en effet ne saurait
exister dans l'espèce prévue par l'art. 32, car, dans un
cas il s'agit de l'expropriation qui, dans l'intérêt du
crédit de la société, ne saurait être arrêté par les ma-
nœuvres d'un débiteur malveillant, souvent au moment
où le gage s'écroule ; tandis que dans l'espèce prévue
par l'art. 32, il ne s'agit que d'un simple apurement de
compte qui n'entrave et n'arrête en rien les opérations
de la société.

CHAPITRE II.

Expropriation et vente.

La vente forcée de l'immeuble est pour le débiteur
une mesure rigoureuse et féconde en fâcheux résultats ;
aussi le législateur ne devait-il la permettre que dans
des circonstances exceptionnelles. L'art. 32 porte que
dans le cas de non paiement d'une annuité et toutes les
fois que par suite de la détérioration de l'immeuble,
ou pour toute autre cause indiquée dans les statuts,
le capital intégral est devenu exigible, la vente de l'immeuble peut être poursuivie. Comme nous le voyons,
la saisie de l'immeuble ne peut être prononcée que lorsqu'il est devenu incapable de garantir le paiement de
la créance par suite de sa détérioration provenant de la

négligence, de l'impéritie ou de la mauvaise foi du débiteur ou de toute autre cause.

Mais qui jugera cette incapacité de garantie ? Le législateur, tout en protégeant les droits du débiteur contre le rigorisme des sociétés de crédit, devait apporter à la procédure ordinaire les simplifications nécessaires à l'existence de ces sociétés, et leur donner les moyens suffisants pour arriver à la prompte réalisation de leurs obligations. C'est pour maintenir ces intérêts opposés qu'il a, d'un côté, en faveur du crédit de la société, modifié les formalités de l'expropriation édictées dans le Code de Procédure, en les facilitant par une exécution prompte et efficace ; qu'il a, de l'autre côté, en faveur du débiteur, repoussé la clause de voie parée que le projet de loi voulait admettre dans la lettre de gage, et qu'il n'a pas voulu abandonner la détermination des formes de la vente à la discrétion des parties pour faire juger l'insuffisance de garantie de l'immeuble. Aussi le débiteur ou ses ayant-cause pourront toujours porter la question devant les tribunaux, réclamer la protection de leurs juges naturels, et opposer les sages principes contenus dans les art. 742 et suiv. du Code de Proc. (Art. 32.)

Pour exposer cette matière avec clarté, nous la diviserons en deux sections. Nous examinerons d'abord les formalités de l'expropriation, les effets et les suites de la vente, et enfin les droits de la société, eu égard à ceux des tiers.

SECTION PREMIÈRE.

FORMALITÉS DE L'EXPROPRIATION.

Les formalités pour arriver à la vente par adjudication sont les suivantes :

1o Commandement. — 2o Transcription du commandement au bureau des hypothèques. — 3o Insertion dans les journaux. — 4o Apposition d'affiches. — 5o Dépôt du cahier des charges au greffe. — 6o Dénonciation de la première affiche au saisi et aux créanciers inscrits, avec sommation de prendre connaissance du cahier des charges. — 7o Adjudication.

Nous allons successivement parcourir ces différentes formalités.

§ 1. — *Commandement.*

Le commandement est toujours le premier acte d'une procédure d'expropriation, qu'elle soit mobilière, qu'elle soit immobilière ; aussi l'art. 33 décide que, pour parvenir à la vente de l'immeuble, la société de crédit foncier fera signifier au débiteur un commandement dans la forme prévue par l'art. 673 du Cod. de Proc. civ. Il résulte de cet art. 33 que toutes les questions litigieuses qui seront soulevées au sujet de la validité du commandement seront jugées suivant les principes du Code de Procédure.

On peut se demander si l'opposition qui tendrait à faire déclarer la prescription du commandement en vertu de l'art. 674 du Cod. de Proc., serait recevable en matière de crédit foncier. Les peines, nous dit-on, étant de droit étroit, et l'art. 33 n'appliquant au commandement que les principes énoncés dans l'art. 673, on doit reconnaître que l'art. 674 ne soumet pas les sociétés de crédit à une prescription. Nous ne saurions admettre une telle opinion. Comme nous l'avons déjà dit, il est de principe que toutes les fois que le décret restera muet sur des principes de droit commun, c'est qu'il n'aura nullement voulu y déroger. Ensuite, les motifs qui ont fait adopter la disposition de l'art. 674 existent aussi bien vis-à-vis des sociétés de crédit qu'à l'égard des autres créanciers. Pouvait-on d'ailleurs raisonnablement admettre que la société de crédit, malgré les priviléges qu'elle a reçus de la loi, pût laisser écouler un temps plus ou moins long, sans poursuivre la saisie, et qu'elle surprît le débiteur qui aurait pu oublier la menace, sans l'avertir des poursuites rigoureuses qui vont l'atteindre. Aussi faut-il reconnaître que si la société laisse écouler quatre-vingt-dix jours, à partir du commandement, sans poursuivre la saisie, le commandement, d'après l'art. 674 du Code de Procédure, pourra être attaqué en nullité par voie de péremption, et que si la société poursuivait sans faire régler l'opposition, on pourrait faire annuler la saisie pratiquée au mépris de cette opposition.

§ 2. — *Transcription du Commandement.*

Le commandement est transcrit au bureau des hypothèques de la situation des biens (art. 33). Cette transcription remplace la transcription du procès-verbal de saisie et de la dénonciation au saisi, qui doit avoir lieu dans la procédure ordinaire, aux termes de l'art. 678 du Code de Procédure.

Le but de cette transcription est d'avertir les tiers que l'immeuble n'appartient plus au débiteur ; qu'il est sous le coup d'une saisie, et que par suite tout droit réel, toute aliénation qui pourrait l'affecter, à partir de cette transcription, ne saurait en rien préjudicier aux droits de la société.

L'art. 37 crée un privilége en faveur des sociétés de crédit. Il porte que, si lors de la transcription du commandement il existe une saisie antérieure, pratiquée à la requête d'un autre créancier, la société de crédit foncier pourra procéder à la vente d'après le mode indiqué dans les articles précédents. Cet article porte une dérogation en ce que, contrairement à l'art. 719 du Cod. Proc., il ne soumet pas la société de crédit à unir la saisie à celle qui doit intervenir, et qu'il l'autorise à poursuivre la saisie dans les formes voulues par le décret, après un simple acte signifié à l'avoué poursuivant.

Ce privilége n'existe que toutes les fois que la transcription faite par la société a eu lieu avant que le saisissant antérieur n'ait opéré le dépôt du cahier d'enchères. Si ce dépôt a eu lieu, elle rentre dans le droit commun, et elle n'a plus que le droit de se faire subroger dans les poursuites des créanciers saisissants, conformément à l'art. 721 du Cod. de Proc., si elle ne veut joindre sa saisie à celle qui est déjà opérée.

L'effet de la transcription du commandement est d'immobiliser les fruits qui seront distribués avec le prix de l'immeuble, par ordre hypothécaire.

Avant la transcription, le débiteur peut aliéner va-

lablement, sauf l'action hypothécaire qu'on pourra exercer contre l'acquéreur de l'immeuble. La transcription
opérée, tout acte d'aliénation serait nul de plein droit,
sans qu'il fût nécessaire d'en faire prononcer la nullité.
Ainsi le décide l'art. 686 du Cod. de Proc. civ., auquel
la prohibition de l'art. 34 a été empruntée.

La transcription a encore pour effet de faire courir la
quinzaine à l'expiration de laquelle, s'il n'y a pas paiement, les poursuites de vente peuvent commencer
(art. 33, 2e alinéa.) Elle sert aussi de point de départ
des six semaines pendant lesquelles les insertions doivent
être faites et les placards affichés. (Art. 33, 2e alinéa.)

§ 3. — *Insertion dans les journaux.*

A défaut de paiement dans la quinzaine, il est fait
dans les six semaines qui suivent la transcription dudit
commandement six insertions dans l'un des journaux
indiqués par l'art. 42 du Cod. de Comm., à quinze jours
d'intervalle. (Art. 33, 2e alinéa.) Il nous faut remarquer
que cette publicité légale était sans raison plus grande
que celle exigée par le Code de Proc., qui ne soumet
qu'à une seule insertion (art. 696.) Aussi, le décret du
1er juin 1853 a-t-il modifié l'art. 33, en n'exigeant plus
que trois insertions et à dix jours d'intervalle. (Art. 6
du décret du 1er juin 1853.)

L'insertion contiendra les énonciations prescrites par
l'art. 696 du Cod. de Proc., mises en harmonie avec le
décret. Ainsi, elle mentionnera 1o la date du commandement et de la transcription; 2o les noms, profession
et demeure du saisi, de la société et de l'avoué de cette

dernière; 3° la désignation des immeubles, la mise à prix et l'indication du tribunal où la saisie se poursuivra, et des jour, lieu et heure de l'adjudication; le tout à peine de nullité; car nous pensons que le décret n'a pas prétendu modifier le droit commun, et qu'il a voulu appliquer aux insertions opérées par la société de crédit les principes admis dans les insertions des saisies ordinaires (art. 715.)

Ce sont les tribunaux de commerce qui sont chargés de désigner les journaux qui doivent insérer les insertions des saisies pratiquées par les sociétés de crédit (art. 33 du décret et 42 du C. Com.). On ne comprend guère la raison qui a poussé le décret à porter une modification aux principes du droit commun, et qui l'a amené à enlever aux journaux, qui contiennent d'ordinaire les annonces des saisies, le privilége de mentionner celles des sociétés de crédit foncier. Néanmoins, devant l'art. 33, il faudra déclarer que l'insertion faite seulement dans les journaux désignés par les cours impériales pourrait être attaquée et entraîner ainsi la nullité de la procédure.

§ 4. — Affiches.

Deux appositions d'affiches doivent être faites à quinze jours d'intervalle (art. 33). Les affiches seront placées 1° dans l'auditoire du tribunal du lieu où la vente doit être faite; 2° à la porte de la mairie du lieu où les biens sont situés; 3° sur la propriété lorsqu'il s'agit d'un immeuble bâti. Les oppositions qui, en droit ordinaire, doivent être faites à la porte du saisi, à la place principale de la commune, au lieu où se tiennent les marchés voisins, à la porte de l'auditoire du juge de paix, etc., ne sont point exigées dans la procédure spéciale accordée aux sociétés de crédit. Cependant, il n'est pas défendu de mettre des placards partout où l'intérêt de la vente l'exige. Il importe que le public y soit appelé par tous les moyens de publicité possible.

On s'est demandé si le renvoi de la vente devant notaire, ce qui peut se pratiquer en vertu de l'art. 33, portait une modification aux dispositions premières de cet article, en changeant le nombre et le mode d'affiches. Sans doute, les formes de la vente seront changées en ce qu'elle s'opérera devant un notaire et non devant le tribunal. Mais l'art. 33 n'a nullement voulu modifier les formalités de la procédure d'adjudication. Aussi faut-il décider que l'affiche devra être apposée à la porte du tribunal, quoiqu'il ne soit pas chargé de la vente de l'immeuble.

§ 5. — *Dépôt du cahier des charges.*

Point de procédure et de délais spéciaux pour le dépôt du cahier des charges. Néanmoins, il résulte de l'économie de l'art. 33 et 36, que le cahier des charges doit être déposé dans les six semaines qui suivent la transcription du commandement de saisie. Ce dépôt se fera, comme en matière ordinaire, au greffe du tribunal devant lequel se poursuit l'expropriation.

Quant à la rédaction du cahier des charges, il n'est rien innové par le décret à l'art. 690 C. de Pr. La société devra donc se conformer aux règles de procédure ordinaire qui sont compatibles avec le décret.

§ 6. — *Dénonciation de la première affiche et du dépôt du cahier des charges.*

Lorsque la première affiche a été faite, la société la dénonce dans la huitaine au débiteur et aux créanciers inscrits, avec sommation de prendre communication du cahier des charges et de fournir les dires et observations.

Si la partie saisie ou les créanciers inscrits veulent apporter quelques modifications au cahier des charges, ils doivent les faire insérer huit jours avant la vente. Passé ce délai, ils ne sont plus recevables à proposer des changements, dires ou observations. Ces dires et observations doivent contenir constitution d'avoué chez lequel domicile est élu de droit. L'oubli de cette constitution entraîne celle des dires (art. 36); s'il y a contestation, le tribunal du lieu où le dépôt a été effectué est saisi par acte d'avoué à avoué. Il statue sommairement et en dernier ressort, sans qu'il puisse en résulter aucun retard pour l'adjudication.

Lorsque le décret garde un silence absolu à cet égard, il faut reconnaître que la société ne saurait fixer le jour de l'adjudication hors la présence des parties intéressées ou du moins elles dûment appelées. Il serait trop injuste, en effet, de permettre à la société d'obtenir l'indication d'un jour qui pourrait être peu favorable aux autres parties qui n'auraient aucun moyen d'opposition. Aussi doit-on appliquer les règles du droit commun, et décider que la société de crédit devra faire sommation au débiteur et aux créanciers inscrits d'assister à la fixation du jour de l'adjudication (art. 691).

Il nous faut remarquer que dans la procédure créée en faveur des sociétés de crédit, la loi abroge les art. 728 et 729 du C. de Pr., qui divisent la procédure d'expropriation en deux parties. La publication d'enchères étant supprimée, la procédure n'est plus qu'une, et un seul jugement pourra régler les droits respectifs des parties et porter sur tous les moyens de nullité qu'on aura à diriger contre elle.

§ 7. — *De l'Adjudication.*

Nous voici arrivés aux termes de la procédure. Quinze jours après la seconde apposition des affiches il est procédé à la vente aux enchères en présence du débiteur, ou lui dûment appelé devant le tribunal de la situation des biens ou de la plus grande partie des biens. L'art. 33 du décret ne fait que confirmer les principes généraux en matière de compétence du tribunal devant lequel on doit faire prononcer l'adjudication. L'art. 2210 et suiv. du C. Nap., qui contiennent la règle générale, s'expriment ainsi : L'expropriation sera poursuivie devant le tribunal de la situation de l'immeuble, à moins que des biens faisant partie de la même exploitation soient situés en divers arrondissements, auquel cas la vente se poursuit devant le tribunal dans le ressort duquel se trouve le chef-lieu de l'exploitation, ou à défaut de chef-lieu, la partie des biens qui présente le plus grand revenu d'après la matrice du rôle.

Si l'art. 33 confirme les principes généraux du Code Nap, et du Code de Pr. au sujet de la compétence du tribunal, il porte une grave modification aux règles ordinaires en énonçant dans son dernier alinéa que le tribunal pourra ordonner que la vente aura lieu, soit devant un autre tribunal, soit en l'étude du notaire du canton ou de l'arrondissement dans lequel les biens sont situés. De plus, cet article décrète que ce jugement ne sera pas sujet à appel et qu'il ne pourra être attaqué que par voie d'opposition dans les trois jours de la signification qui doit en être faite au débiteur, en y ajoutant les délais de distance.

La loi soumet seulement ce privilége à l'existence de deux conditions essentielles : il faut d'abord qu'il y ait avantage pour la société à ce que la vente soit transportée devant un autre tribunal ou devant notaire, et il faut secondement que la demande soit formée avant la première insertion, afin que les droits des tiers et du saisi soient entièrement sauvegardés et qu'ils ne soient pas laissés au bon arbitre de la société de crédit.

On s'était demandé si le renvoi de la vente devant notaire dessaisissait complétement le tribunal des questions litigieuses qui pourraient se soulever et des incidents qui pourraient accompagner la vente ? Le renvoi devant notaire ne change en rien les principes et les règles relatives à l'adjudication. Le notaire n'est que le représentant légal du tribunal, et il ne le représente que pour opérer la vente. Il suit de là que si les parties ne sont point d'accord sur certains points et qu'elles soulèvent quelques incidents, elles devront se présenter devant le tribunal qui jugera leurs différends.

Quant aux formalités et aux règles relatives à l'adjudication, rien ne modifie les dispositions du droit commun. Aussi les art. 704 et suivants du Code de Procédure recevront leur application.

Le jugement d'adjudication sera signifié au débiteur, les frais de poursuite seront payés par privilége, et la grosse sera remise à l'adjudicataire, sur la justification qu'il a satisfait aux conditions du cahier des charges. (Art. 713, 714, etc., C. de Proc.)

Effets de l'adjudication. — Deux positions différentes peuvent résulter du jugement d'adjudication, ou bien la société de crédit s'est rendue adjudicataire, ou bien l'immeuble a été adjugé à un tiers enchérisseur.

Dans le premier cas, le décret ne porte aucune modification au droit commun. La société, maîtresse de l'immeuble, est libre d'en faire ce que bon lui semble, une fois qu'elle a satisfait les droits que les autres créanciers peuvent avoir sur lui, en vertu de l'art. 717 Cod. de Proc.; car le jugement d'adjudication ne transmet à l'adjudicataire que les droits qui appartiennent au débiteur exproprié. Pour arriver à régler ses droits et pour être à l'abri de toute poursuite, elle purgera l'immeuble en suivant les formalités ordinaires, c'est-à-dire en ouvrant un ordre qui fixera ce qui est dû à chaque ayant-droit, sur le prix de l'adjudication diminué des sommes qui constituent la créance de la société.

Si c'est au contraire un tiers qui s'est rendu adjudicataire, le décret modifie les principes ordinaires en matière d'adjudication. L'art. 38 impose à l'adjudicataire une obligation qui constitue au profit des sociétés de crédit un de ces priviléges les plus importants. Cet article est ainsi conçu : « Dans la huitaine de la vente, l'acquéreur sera tenu d'acquitter, à titre de provision, dans la caisse de la société, le montant des annuités dues. Après les délais de surenchère, le surplus du prix doit être versé à ladite caisse, jusqu'à concurrence de ce qui lui est dû, nonobstant toutes oppositions , contestations et inscriptions des créanciers de l'emprunteur, sauf néanmoins leur action en répétition, si la société avait été indûment payée à leur préjudice. »

Comme nous l'avons déjà énoncé , une des conditions essentielles à l'existence de la société, est de lui donner les moyens de remplir à jour fixe ses obligations et de servir à l'échéance les intérêts des lettres de gage. Cette condition de vitalité a conduit le législateur à délivrer la société de toutes les involutions et des délais incalculables qui menacent le créancier ordinaire ; aussi n'a-t-elle pas été soumise aux formalités longues et gênantes de l'ordre, dont elle n'attend ni la clôture ni même l'ouverture. Elle reçoit d'abord, immédiatement après le jugement d'adjudication , le montant des annuités dues ; ensuite elle touche le surplus du capital auquel elle a droit, aussitôt que la propriété a été consolidée sur la tête de l'adjudicataire par l'expiration des délais de surenchère.

Avant le décret du 10 juin 1853, des doutes s'étaient élevés sur le point de savoir si l'art. 38 était applicable lorsque l'immeuble avait été aliéné par vente volontaire. On soutenait que cet article ne réglait que le cas d'expropriation et de vente forcée, et que les priviléges étant de droit étroit, on ne pouvait étendre, au cas d'aliénation volontaire, des principes qui n'étaient édictés qu'en faveur de l'aliénation forcée. On défendait , avec plus de raison, la thèse contraire, en s'appuyant sur le projet de loi qui rendait les dispositions de cet article applicables à tout acquéreur, soit sur saisie immobilière, soit sur aliénation volontaire. S'il en était autrement, disait-on , rien n'eût été plus facile au débiteur que d'éluder l'application du décret, en vendant son bien lorsqu'il se serait vu menacé de poursuites. La loi du 10 mai 1853 (art. 17) a levé toute difficulté, en déclarant que les dispositions de l'art. 38 du décret du 22 février 1852 étaient applicables à toute espèce d'acquisition, soit sur vente forcée, soit sur vente volontaire.

Mais il nous faut remarquer que le paiement accordé par privilége à la société ne constitue qu'un paiement à titre de provision (art. 38). Il suit de là que si la société a été indûment payée, ou si elle a été satisfaite au préjudice d'autres créanciers, on pourra exercer contre elle une action en répétition de l'indu. Mais quelles sont les formalités que l'on devra suivre et quel est le tribunal devant lequel devra être portée l'*actio indebiti?* Le silence de la loi nous porterait à penser que l'on doit appliquer ici les règles du droit commun et déclarer que l'action en répétition sera intentée comme action principale devant le tribunal de première instance du domicile de la société. Telle n'est pas notre opinion. Comme nous l'avons déjà énoncé, le paiement fait entre les mains de la société de crédit est un paiement par provision et non un paiement définitif ordinaire. Si la loi a entendu changer sa forme, elle n'a pas voulu modifier sa nature; aussi il n'en reste pas moins un réglement provisionnel d'ordre qui ne deviendra définitif que par le jugement qui clôturera cette procédure, en fixant les droits de tous les créanciers.

Il résulte de ce principe : 1° que la question relative à la validité du paiement fait entre les mains de la société ne pourra constituer une action principale, qu'elle se trouvera rattachée à la procédure d'ordre, et qu'elle devra être vidée dans le cours de cette procédure; 2° que les créanciers ou adjudicataires, qui voudraient contester la validité du paiement et exercer l'action en répétition, ne pourront exercer des poursuites que par voie d'appel et non par voie d'action principale, s'ils laissent passer le réglement définitif sans produire leur action ; car le paiement aura été fixé par le réglement définitif qui a tous les caractères d'un jugement. La jurisprudence est unanime sur ce dernier point (Paris, 11 janv. 1837).

Lorsque la vente s'opère par lots ou qu'il y a plusieurs acquéreurs non intéressés, chacun d'eux n'est tenu même hypothécairement vis-à-vis de la société que jusqu'à concurrence de son prix. Tout en favorisant la vente, le décret a consacré un principe de justice, en ne permettant pas qu'un acquéreur pût être tenu de remplir l'obligation d'un coadjudicataire avec lequel il n'a entendu former aucun lien obligatoire.

De la nullité et de la résolution de l'adjudication. — Les mêmes causes qui entraînent en droit ordinaire la nullité de l'adjudication, doivent frapper l'adjudication spéciale que nous examinons. Ainsi, l'adjudicataire pourra demander la nullité de l'adjudication pour cause d'incapacité personnelle, dérivant par exemple de son état de minorité ou d'interdiction, ou de sa qualité de femme mariée. Les créanciers ou le saisi pourront se prévaloir de toutes les causes de nullité, cessions ou résolutions qui compétent au vendeur dans les ventes volontaires, à l'exception toutefois de la lésion (C. Nap., 1677). Enfin, l'adjudication, comme en matière ordinaire, sera soumise à deux causes de résolution : la surenchère et la folle-enchère.

1º La surenchère, qui a pour but d'assurer la vente des immeubles à leur juste prix, ou du moins à un prix qui ne soit pas trop inférieur à leur valeur réelle, sera réglée par les art. 708 et suiv. du Code de Procédure (art: 40.) Le surenchérisseur, comme l'adjudicataire, sera seulement soumis au privilége accordé aux sociétés de crédit, en ce qui concerne le paiement du prix de surenchère.

2o La folle-enchère est la résolution de l'adjudication qui s'opère lorsque l'adjudicataire n'exécute pas les clauses de l'adjudication dans les délais voulus par la loi. On procédera à la folle-enchère, en suivant les règles indiquées dans les art. 33, 34, 35, 36 et 37 du décret, combinées avec celles du Code de Procédure, auxquelles il n'est point dérogé.

On s'est demandé si un créancier autre que la société pourrait poursuivre la folle-enchère, en s'appuyant sur ce fait que l'adjudicataire n'a pas payé la société dans les délais et les formes voulus par l'art. 38 du décret, c'est-à-dire, si les annuités dues n'ont pas été payées dans la huitaine qui suit l'adjudication, et si le reste du capital n'a pas été payé après les délais de surenchère.

Deux opinions peuvent se présenter. La première soutiendra que la société non satisfaite dans les délais et formes voulus, pourra seule intenter l'action en résolution de l'adjudication. En effet, dira-t-on, les priviléges sont de droit étroit, et, d'après ce principe, les tiers ne pourront se prévaloir des prescriptions légales édictées spécialement en faveur des sociétés de crédit foncier. Un tel motif ne pourrait nous entraîner à adopter cette opinion. En effet, il est de principe que toute partie intéressée peut intenter la folle enchère, par cela seul que les clauses du cahier des charges n'ont pas été accomplies (art. 737 C. Pr.). Or, l'obligation de payer

7

la société de crédit foncier dans les formes et les délais prescrits par l'art. 38 du décret, constitue une des clauses principales du cahier d'enchères. Dès-lors nous devons conclure que tout créancier inscrit et que le saisi lui-même pourront exercer l'action en résolution de l'ad-judication, en invoquant les dispositions de l'art. 737.

Tels sont les principes et les règles qui régissent la procédure d'adjudication poursuivie par la société de crédit foncier. Il nous reste enfin, pour avoir parcouru complétement les principaux priviléges accordés aux sociétés de crédit foncier, à étudier l'art. 42 qui règle les rapports de la société avec les tiers détenteurs.

SECTION II.

DROITS DE LA SOCIÉTÉ A L'EGARD DES TIERS DÉTENTEURS.

L'art. 42 est ainsi conçu : « Tous les droits énumérés dans le présent chapitre peuvent être exercés contre les tiers détenteurs, après dénonciation du commandement fait au débiteur.

» Les poursuites commencées contre le débiteur sont valablement continuées contre lui, jusqu'à ce que les tiers auxquels il aurait aliéné les immeubles hypothéqués, se soient fait connaître à la société.

» Dans ce cas les poursuites sont continuées contre les tiers détenteurs sur les derniers errements, quinze jours après la mise en demeure. »

Cet article contient un grand principe en matière d'alié-nation et de vente, c'est que le vendeur ne transmet à l'acquéreur que ses droits sur la chose vendue, et qu'il la lui communique par conséquent sous l'affectation des mêmes charges et hypothèques. C'est ce principe qui se trouve déjà sanctionné par les art. 2182 du Code Nap. et 2166 du même Code, qui règle le droit de suite du créancier hypothécaire, articles qui ne sont que la reproduction de ces paroles d'Ulpien : « *Nemo plus juris in* » *alium transferre potest quàm ipse habet.* »

Il suit de là que le tiers acquéreur se trouve soumis à toutes les actions, à tous les priviléges que la société pouvait exercer contre le débiteur lui-même. Les annuités devront être payées à échéance, sans que leur paiement pût être retardé par aucune opposition ni saisie; elles porteront intérêt de plein droit; et s'il n'est pas satisfait aux droits que la société a envers le débiteur, le séquestre et l'expropriation pourront être poursuivis. Le décret soumet seulement la société à une condition indispensable, c'est qu'elle devra dénoncer au tiers acquéreur le commandement fait au débiteur, toutes les fois qu'on lui aura dénoncé la transmission de propriété. Si le tiers acquéreur ne s'est pas fait connaître, elle pourra valablement exercer ses poursuites contre le débiteur lui-même, et poursuivre l'immeuble comme s'il n'avait pas changé de main. Si le tiers détenteur s'est dénoncé pendant le cours de la procédure, les poursuites seront continuées contre lui sur les derniers errements, quinze jours après la mise en demeure.

La dérogation apportée au droit commun par l'art. 42 consiste en ce que la société a le droit de commencer les poursuites immédiatement après la dénonciation à l'acquéreur du commandement fait à l'emprunteur, ou quinze jours après la mise en demeure, si les poursuites ont

été commencées contre le débiteur ; tandis que le créancier ordinaire ne peut poursuivre le tiers détenteur qu'un
mois après la sommation faite à ce dernier et le commandement signifié au débiteur,

Lorsque la propriété de l'immeuble hypothécaire sera
transmise, non par aliénation volontaire, mais par
succession, l'art. 42 ne peut être appliqué. Sans doute
il faut reconnaître que si les héritiers ne s'étaient pas
fait connaître à la société, celle-ci pourrait continuer
ses poursuites contre le défunt ; mais s'ils se sont ré-
vélés avant que la procédure soit en état, les règles
de droit commun seront appliquées à leur égard, la société ne pourrait les forcer à prendre qualité avant les
délais ordinaires (trois mois et quarante jours, à compter
de l'ouverture de la succession, art. 795 Cod. Nap.),
et elle ne pourrait les poursuivre que huit jours après
la signification de ses titres exécutoires (art. 873 et 877
Cod. Nap.)

Telles sont les règles que le législateur a cru devoir
édicter pour établir le crédit de la propriété. Nous osons
penser que les résultats avantageux qui se sont produits
déjà dans les contrées d'outre-Rhin, ne tarderont pas à
se produire dans notre pays ; aussi-bien placé qu'elles
pour profiter des bénéfices de semblables institutions.

TITRE VI.

EXAMEN DES CRITIQUES ÉLEVÉES CONTRE L'INSTITUTION DE CRÉDIT FONCIER.

Toutes les fois qu'une idée économique a apparu en
France, elle a soulevé contre elle les plus vives atta-

ques. Loin de nous en plaindre, il faut nous en féliciter.
L'eau la plus vive et la plus pure est celle qui a été le
plus fortement frappée contre le roc, l'idée la plus sage
et la plus féconde doit être celle qui a passé triomphante
à travers les cribles de la critique.

L'établissement du crédit foncier ne pouvait échap-
per à cette loi commune, et lui aussi a eu à supporter
les attaques les plus vives, qui se sont montrées d'autant
plus redoutables., que le succès de l'œuvre paraissait ne
pas avoir satisfait complétement les espérances qu'on
en attendait. Forts de cette faiblesse apparente du crédit
foncier, ses adversaires n'ont pas manqué de demander
où était cette force qui devait vivifier la propriété, où
était ce levier qui devait la soulever de ses ruines. Nous
sommes loin d'accepter notre défaite, par cela seul que le
décret de 1852 n'aura pas arraché l'industrie agricole à cette
torpeur fatale qui l'accable. Rien ne s'improvise, comme
le dit le philosophe, et une institution est soumise à un en-
fantement d'autant plus long, qu'elle est appelée à mettre dans la vie d'un peuple des racines plus profondes et
plus durables. Nous n'en voulons pour exemple que
l'institution de la Banque de France, qui a été considérée à son avenue comme l'utopie la plus irréalisable,
qui a resté plusieurs années sans se livrer à des opérations sérieuses, et qui malgré cela est devenue l'un des
éléments les plus féconds de la prospérité du commerce
et de l'industrie. Attendons et espérons. Le même sort est
réservé aux banques de crédit foncier.

Notre espérance sera d'autant plus vive et notre attente d'autant plus opiniâtre, qu'il nous sera facile de repousser les attaques lancées contre les institutions territoriales.

Cés banques de crédit, ont dit nos adversaires, loin d'asseoir la propriété, la mobilisent et par cela même la tuent ; on ne doit attendre de leur établissement que les effets désastreux produits par le système révolutionnaire du III messidor, qui avait pour but, lui aussi, de créer le crédit territorial.

Frappé de la ressemblance qui semble unir les deux institutions, on n'a pas saisi les différences radicales qui les séparent et qui doivent distinguer leur avenir.

En vertu de la loi du III messidor, le propriétaire d'un immeuble pouvait *prendre hypothèque sur soi-même.* Cette expression énygmatique a besoin d'explication. Prendre hypothèque sur soi-même, voulait dire que le propriétaire qui avait besoin d'argent se présentait au bureau du conservateur des hypothèques, où il exposait l'état de sa propriété. Après une expertise, le conservateur lui remettait une quantité de cédules hypothécaires correspondant au 3|4 de la valeur du bien fonds présenté. Cette cédule se transmettait par la voie d'endossement, sans recours de garantie, et elle formait un titre exécutoire contre celui qui l'avait souscrite au profit de celui à l'ordre de qui elle était passée ; elle constituait ainsi un véritable papier-monnaie. Un tel système réalisait au plus haut des points la mobilisation du sol ; chaque propriétaire, au moyen de la cédule, pouvait le mettre en portefeuille; aussi la loi de messidor qui creusait un abîme pour y précipiter la propriété, n'eut qu'un temps et ne pouvait avoir qu'un temps.

Mais, aperçoit-on entre la lettre de gage et la cédule hypothécaire une ressemblance telle que les mêmes effets doivent être produits ? Loin de là, la cédule hypothécaire mobilisait le sol, parce qu'elle permettait au pro-

priétaire de prendre hypothèque sur lui-même, c'est-à-
dire de créer l'hypothèque avant l'obligation qui doit lui
donner naissance et dont elle doit n'être que la conséquence. « Ce n'était plus, comme le dit l'éminent ju-
risconsulte(1), l'hypothèque ordinaire, comme tout
tout le monde la conçoit, venant s'ajouter à une obligation préexistante. Elle avait date avant le besoin, et
par conséquent elle le fesait naître, elle le sollicitait,
elle le poussait à l'excès. »

Comment peut-on dès-lors établir une comparaison
entre cette création de l'esprit révolutionnaire et la lettre
de gage qui n'est constituée que sur une obligation préexistante, et qui est déterminée par la nécessité d'un
emprunt que l'on a discuté sans passion et avec tout le
calme de la réflexion? Si la lettre de gage mobilise, elle
mobilise le titre et non le sol, ce qui est bien différent.
Le crédit foncier est, si l'on veut, la loi du 3 messidor,
mais purgée de son vice radical qui était dans la constitution de l'hypothèque et non dans sa transmission.
Aussi la jurisprudence a-t-elle établi cette différence
énorme, en reconnaissant la validité de l'endossement du
titre hypothécaire qui devient, par cette opération, une
lettre de gage quant à sa mobilisation (2).

L'institution du crédit foncier, ajoute-t-on, n'est pas
seulement immorale et désastreuse, elle est d'une exécution impossible. On conçoit facilement que les banques
territoriales aient pu produire des résultats féconds dans
les contrées où elle a pris naissance, dans l'Allemagne,
où les propriétés sont d'une étendue et d'une valeur

(1) Troplong, titre de la Vente. P. 479. 2° v.
(2) Cour de Lyon. — 1830. Dal. 1833, 1, 351.

considérable. Mais si elles ont pu fonctionner facilement sur de semblables bases, elles ne le pourraient pas dans un pays où la propriété est morcelée comme en France. Je ne crois pas que cette objection résiste à un sérieux examen.

En fait, d'abord, il est évident que les constitutions de crédit foncier se sont livrées à des opérations fructueuses dans des contrées où la propriété est aussi morcelée qu'en France. C'est une erreur trop commune que de croire que notre pays est le seul où la propriété agricole est soumise à un morcellement considérable. La division de la propriété est un phénomène qui tend à se produire de plus en plus dans les pays où a disparu l'étreinte fatale de la féodalité. Partout où l'accessibilité à la terre a été reconnue comme un droit de tous, cet instrument de travail passe de plus en plus entre les mains de ceux qui peuvent en tirer un meilleur parti. Ainsi, en Pologne, dans toute l'Allemagne, la propriété s'est notablement divisée.

Au point de vue théorique, l'objection ne reste pas sans réponse. En effet, quelle est la base sur laquelle repose tout établissement de crédit territorial ? C'est une certaine harmonie entre la quotité du crédit ouvert et la quotité de la garantie donnée. La différence de plus en moins à la garantie offerte ne peut exercer de l'influence que sur le plus ou moins de crédit que l'association ouvrira sur telle garantie. Aussi, qu'une propriété vaille 50,000 fr. et que le prêt soit de 25,000 fr., ou qu'elle vaille 1,000 fr. et que le crédit ouvert soit de 500 fr., la proportion sera la même, la garantie sera aussi forte, dès-lors les opérations doivent être aussi sûres. Par ces motifs, nous ne croyons pas que le morcellement de la propriété soit un obstacle à l'établissement des sociétés de crédit foncier. Sans doute, dans le crédit ouvert il y a un maximum qu'on ne devra pas dépasser, il y a une limite qu'on ne pourra pas franchir, c'est celle au-delà de laquelle le gage deviendrait tellement faible qu'il ne pourrait couvrir la société des frais d'administration, de purge et d'exécution. Sans doute, au-delà de cette borne tout prêt sera impossible. Mais tant que cette limite ne sera pas franchie, la société territoriale pourra se livrer à des opérations sûres e. sérieuses.

Mais, disent nos adversaires, est-il permis de penser que le capital se détournera de son cours habituel, pour refluer vers le prêt foncier ! Quelles séductions lui offre-t-il? Il lui propose un moindre intérêt, un placement à long terme, et une difficulté insurmontable dans l'émission des titres.

Serait-ce une utopie, comme le prétendent nos adversaires, que de vouloir élever le crédit territorial de pair avec le crédit public? Pourquoi la garantie morale de l'Etat l'emporterait-elle sur la garantie matérielle de l'immeuble offert en gage? L'Etat comme le crédit foncier ne consolide-t-il pas l'emprunt qu'il effectue, et au lieu d'assurer comme lui le paiement à une époque qu'il ne pourra franchir (50 ans), ne reste-t-il pas le maître de racheter sa dette quand bon lui semble ? On comprend difficilement la supériorité du crédit de l'Etat.

Nous opposerait-on comme devant anéantir le crédit foncier, la concurrence offerte au capital par les entreprises industrielles et commerciales ! On sait trop bien quelle est la confiance qu'on doit donner aux brillants prospectus de ces entreprises qui ne contiennent que l'attrait le plus mensonger d'un bénéfice illimité. Nous n'avons nul besoin de nous y arrêter.

Enfin, une dernière objection s'est produite : Comment, a-t-on dit, le propriétaire emprunteur parviendra-t-il à payer une annuité de 5 p. 100 et 6 p. 100, lorsque le sol ne produit que 2 1/2 p. 100, 3 p. 100 au plus? C'est vouer forcément à l'expropriation tout homme qui empruntera au crédit foncier.

Cette objection serait sérieuse si l'institution n'y répondait elle-même. En effet, il faut remarquer qu'aux termes des statuts, il est interdit aux sociétés de prêter une somme produisant une annuité plus forte que le revenu du bien hypothéqué; ensuite elles ne doivent prêter que sur la première moitié de la valeur, et dès-lors on ne prête plus sur un revenu de 2 1/2, mais bien sur un revenu de 5 p. 100. D'ailleurs, en supposant que la propriété ne rapporte que 2 1/2, ne faut-il pas ajouter le revenu de la somme prêtée qui aura servi soit à éteindre une dette plus lourde, soit à améliorer le sol? Ne faut-il pas ajouter les produits de l'industrie agricole? Enfin on se tromperait si l'on croyait que la Société de crédit ne prête qu'à l'immeuble, et qu'elle ne considère pas la personne de l'emprunteur. Avant d'effectuer son obligation, elle se préoccupe de son crédit personnel, des ressources que peut lui fournir une exploitation commerciale ou industrielle. Ainsi, par sa prudence, elle se met à l'abri de recourir à des moyens dont l'emploi trop fréquent compromettrait son avenir.

Telles sont les attaques que les adversaires ont portées contre cette institution qui est appelée, nous en avons la ferme conviction, à relever la propriété de l'état de souffrance qui l'accable, en lui enlevant la dette énorme qui l'écrase, et qui doit la faire participer à ce fécond élément de richesse, au capital qui jusqu'à ce

jour s'en était tenu éloigné. Espérons que, dévoilant peu
à peu son mécanisme aux yeux des moins clairvoyants,
elle s'offrira comme l'instrument le plus actif à la régé-
nération de l'industrie agricole ; et si les résultats qu'on
en attend ne se sont pas encore produits, nous pouvons
dire du crédit foncier ce que l'Empereur disait de la
Banque : « La France manque d'hommes qui sachent ce
que c'est qu'une Banque ; c'est une race à créer. »
(*Séance du Conseil-d'Etat , du 2 avril 1806.*)

POSITIONS.

---o—o---

DROIT ROMAIN.

I. Obligation naturelle du pupille.

II. Théorie des fautes.

III. Le propriétaire bonitaire pouvait obtenir non-seulement l'action Publicienne, mais encore la formule pétitoire.

IV. La perception des fruits par le possesseur de bonne foi ne constitue pas un mode particulier d'acquérir.

DROIT FRANÇAIS.

I. L'époux contre lequel la séparation de corps a été prononcée, pour cause d'adultère, ne peut, après la dissolution du mariage, épouser son complice.

II. La femme qui accepte la communauté n'a pas le droit d'exercer ses reprises par voie de prélèvement et de préférence sur les valeurs mobilières qui en dépendent, vis-à-vis des créanciers de cette communauté. Son droit à cet égard est un droit de créance et non un droit de propriété.

III. L'interdit pour cause de démence ne peut contracter mariage, même dans un intervalle lucide.

IV. Le créancier hypothécaire du défunt doit faire prononcer la séparation des patrimoines, s'il veut préserver son hypothèque de la préférence que pourrait avoir l'hypothèque légale ou judiciaire des créanciers de l'héritier par suite de l'antériorité de date de cette dernière.

DROIT CRIMINEL.

I. Le principe du non cumul des peines est inapplicable au concours de contraventions de police.

II. Le criminel n'emporte pas le civil.

DROIT ADMINISTRATIF.

I. Les cours d'eau non navigables et non flottables appartiennent à l'Etat.

II. L'indemnité due pour dommages permanents résultant de travaux publics doit être fixée par les tribunaux judiciaires.

Approuvé :

Le Doyen de la Faculté de Droit,

LAURENS.

Vu et permis d'imprimer :

Par nous Inspecteur-Général, délégué :

F. LAFERRIÈRE.

TABLE DES MATIÈRES.

www.ingramcontent.com/pod-product-compliance
Lightning Source LLC
Chambersburg PA
CBHW071210200326

41519CB00018B/5464